Risotto-Kochbuch

Valentina Harris
Fotos von Martin Brigdale

Risotto-Kochbuch

Die 80 besten Originalrezepte

Kaleidoskop-Buch

Aus dem Englischen übersetzt von Cornell Ehrhardt
Redaktion: Claudia Schmidt
Korrektur: Herbert Scheubner
Einbandgestaltung: Studio für Illustration und Fotografie, Icking,
Sascha Wuillemet
Herstellung: Dieter Lidl
Satz: Fotosatz Völkl, Puchheim

Die Originalausgabe mit dem Titel *Risotto! Risotto!*
wurde erstmals 1998 im Verlag Cassell, London, veröffentlicht

Foto auf S. 1/: AKG Photo, London
Fotos auf den Seiten 11, 12 und 14: Mary Evans
Picture Library, London
Design: Harry Green
Food-Styling: Helen Trent
Hauswirtschaftliche Beratung: Maxine Clark unter
Mitwirkung von Julie Beresford

Druck und Bindung: Toppan Printing Co.
Printed in China

ISBN 3-88472-822-9

Inhalt

DANKSAGUNG

Bedanken möchte ich mich bei Deborah Taylor, die es mir ermöglichte, ein Buch über eines meiner Lieblingsgerichte zu schreiben, und die es mich auf meine Weise tun ließ!

Dank auch an Martin und Helen, die alles, was ich schreibe, immer so schön aussehen lassen, und an Maxine, die die Rezepte genauso kocht wie ich.
Ein großes Dankeschön an Wendy für ihre Geduld und ihr Verständnis für ein wundervolles Buch. Mag es für uns alle noch viele mehr geben.

Zu großem Dank verpflichtet bin ich **Riso Gallo s.p.a.** aus Robbio, Italien, für all das faszinierende Material, das sie mir für meine Recherchen zur Geschichte des Risotto und zu den Reissorten zugesandt haben. Mein Dank richtet sich auch an das Team von **Gallo UK Ltd** für seine freundliche Hilfe und Unterstützung.

Herzlichen Dank an Helen Hibbert von **ECM Housewares**, der britischen Handelsvertretung für **Rondine**, die mir für meine Risottoküche eine unglaubliche Menge an Kochgeschirren zur Verfügung stellte.

Die Autorin und der Verlag möchten sich außerdem bedanken bei:
Carluccio's, Specialists in Italian Food and Funghi, London, die die herrlichen schwarzen und weißen Trüffeln für das Foto auf Seite 72 zur Verfügung stellten,
Lina Stores, Italian Food Store, London, die den wunderbaren Parmaschinken für das Foto auf Seite 114 zur Verfügung stellten,
Pauline Pears und Jackie Gear von **The Henry Doubleday Research Association**, Coventry, die für das Foto auf Seite 46 Rote Beten aus ihrem eigenen Garten zur Verfügung stellten und mir wertvolle Tipps zur Kardone gaben,
Rona Hurcombe von **Divertimenti**, London, die die Töpfe und sonstigen Kochutensilien für die Stepfotos zur Zubereitung von Fond und Risotto auf den Seiten 24–25 und 34–35 zur Verfügung stellte.

ALTES ITALIENISCHES SPRICHWORT

Reis wird in Wasser geboren,
muss jedoch in Wein sterben.
(Will sagen: Trinken Sie kein Wasser,
wenn Sie Risotto essen!)

Einführung

Ich bin sehr froh, dass ich Gelegenheit hatte, ein ganzes Buch über eines meiner italienischen Lieblingsgerichte zu schreiben: Risotto. Risotto war das Allererste, was ich im Alter von ungefähr vier Jahren zu kochen lernte, und das ist meine früheste Kindheitserinnerung. Ich erinnere mich noch genau an den Stuhl, auf dem ich stand, und an die Hitze der Gasflamme, die ich an meinen Beinen spürte, daran, wie sich der Kochlöffel in meiner Hand anfühlte, und an den wunderbaren Duft des Reises, der in dem riesigen Topf kochte und brodelte. Vielleicht war dies der Augenblick, der meine Liebe zum Kochen und speziell zum Risotto begründete.

Risotto ist herrlich vielseitig. Er eignet sich hervorragend als Partygericht, denn man kann ihn einfach im Stehen nur mit der Gabel essen; Kinder mögen ihn gerne; er kann so teuer und extravagant oder so preiswert und unkompliziert sein, wie man möchte; und er ist unendlich verwandlungsfähig. Wie man an den Rezepten sieht, die für dieses Buch zusammengetragen wurden, gibt es kaum Zutaten, die sich nicht für einen schmackhaften Risotto eignen würden.

Die Voraussetzungen für einen guten Risotto sind denkbar einfach: die richtige Sorte Reis, ein guter Fond (mit Ausnahme einiger Rezepte, für die Wasser oder Wein verwendet werden), ein Topf mit schwerem Boden in der richtigen Höhe und Breite, ein Kochlöffel, der gut in der Hand liegt, etwas Geduld und 20 Minuten Zeit zum Rühren.

Gut Ding braucht Weil, und ein Risotto benötigt 20 Minuten liebevolles Rühren, um zu gelingen. In jedem Rezept habe ich genau erklärt, wie dies vonstatten geht, obwohl fast alle Risotti nach dem gleichen Prinzip zubereitet werden. Die weit verbreitete Methode, die Reiskörner in Fett glasig werden zu lassen und erst dann nach und nach die Flüssigkeit zuzugeben, ist allerdings eine vergleichsweise moderne Zubereitungsart. Das Kochen von Risotto ist weitaus älter und in früherer Zeit wurde der Reis einfach zusammen mit den sonstigen Zutaten gekocht. Ich habe einige dieser alten Rezepte mit in dieses Buch aufgenommen, weil ich sie für interessant halte und weil die danach zubereiteten Gerichte köstlich schmecken. Ich hoffe sehr, dass Sie die entspannende Zubereitung eines Risotto genießen werden. Risotto kochen ist in der Tat eine ausgezeichnete Möglichkeit, nach einem anstrengenden Tag zur Ruhe zu kommen, und das Ergebnis ist stets ein kulinarisches Vergnügen.

Risotto sollte immer mit der Gabel aus einem Suppenteller oder dessen italienischer Variante, der *fondina*, gegessen werden. Man häuft den Risotto in der Tellermitte zu einem Berg auf und zieht ihn dann, Gabel für Gabel, mit dem Rücken der Zinken nach außen zum Tellerrand. Es ist auch erlaubt, den Risotto mit dem Gabelrücken auf dem Teller flach zu drücken, da man ihn auf diese Weise nicht nur besser auf die Gabel bekommt und zum Mund führen kann, sondern weil er dann auch rascher abkühlt.

In Italien wird Risotto als Vorspeise serviert, in seltenen Fällen auch als Beilage zu einem Hauptgericht. So reicht man beispielsweise *Risotto alla Milanese* häufig zu *Ossobucco*. Bei der heutigen Vorliebe für kleinere Portionen, speziell außerhalb von Italien, kann Risotto mitunter auch den Hauptgang oder gar die komplette Mahlzeit darstellen und wird dann mit Salat und Obst gereicht.

Ich hoffe, dass Ihnen die Lektüre von *Valentinas Risotto* einen sicheren Umgang mit den zahllosen Varianten dieses großartigen italienischen Klassikers vermittelt. *Buon risotto e buon appetito!*

Die Geschichte des Risotto

Meine Entdeckungsreise auf der Suche nach den Ursprüngen dieses wundervollen Gerichts hat mich im wahrsten Sinne des Wortes von Ost nach West geführt. Es gab so viel Material, das ich sichten und durchforsten musste, um ein klares Bild von den Fakten und Legenden zu bekommen, dass ich zeitweise glaubte, für all dies nicht genügend Platz in meinem Buch zu finden – ich befürchtete sogar, wir müssten aus Platzgründen einige der Rezepte weglassen. Schließlich kürzte ich dieses Kapitel, wenn auch widerwillig, und hoffe, dass die Lektüre meiner Zusammenfassung der Geschichte des Risotto für Sie ebenso faszinierend und fesselnd ist, wie für mich das Recherchieren und Schreiben war.

Reis gehört zu jenen Nahrungsmitteln, die die Kultur großer Gebiete auf unserem Globus geprägt haben. Denn vereinfacht lassen sich auf dem Erdball vier Zonen unterscheiden, in denen jeweils eine bestimmte Getreideart die Hauptrolle spielt: in Nord- und Südamerika Mais, in Afrika Hirse, im Mittelmeerraum Weizen und in Asien Reis.

Von einigen Historikern werden die ersten archäologischen Funde von Reis – sowohl als Wild- wie auch als Kulturpflanze – ins zehnte bis siebte Jahrtausend vor Christus datiert. Diese fernen Ursprünge in China und anderen Teilen Asiens lassen den Schluss zu, dass Reis durch Nomaden und Händler nach Südindien gelangte und von dort nach Kleinasien. Obwohl sich Reis erst sehr viel später in Regionen außerhalb Südostasiens verbreitete, machten Alexander der Große und seine griechisch-mazedonischen Truppen bereits im vierten Jahrhundert vor Christus auf ihrem Zug von Griechenland nach Indien mit dem Getreide und seiner Kultivierung Bekanntschaft. Und eine satirische Erzählung des römischen Dichters Horaz über einen Geizhals, der sich bei seinem Arzt bitterlich über den hohen Preis für einen Reisheiltrank beklagt, zeigt, dass Reis im antiken Rom eine gewisse medizinische Bedeutung gehabt haben muss.

Als Feldfrucht spielte Reis jedoch lange Zeit sowohl in Griechenland wie auch im übrigen Mittelmeerraum nur eine untergeordnete Rolle. Erst die Araber mit ihrem großen Einfallsreichtum und der Gabe, ihr Wissen auf den verschiedensten Gebieten, einschließlich der Kochkunst, nutzbringend einzusetzen, machten das Getreide im Mittelalter bekannt. Nachdem sie Reis zuerst in Ägypten und an der nordafrikanischen Küste eingeführt hatten, bauten sie ihn später auch auf Sizilien und in Spanien an.

Für einige Zeit beschränkte sich der Reisanbau auf diese Mittelmeerregionen, verbreitete sich dann aber auch in der Lombardei und den übrigen Gebieten Norditaliens. Nach und nach wurde Reis Bestandteil der Alltagskost und verlor seinen Ruf als Heilmittel. Der Gebrauch als Arznei blieb aber wohl zu einem gewissen Grad bestehen, denn Aufzeichnungen der Herzöge von Savoyen aus dem Jahr 1250 belegen, dass Reis für das Hospital von Sant'Andrea in der oberitalienischen Provinz Vercelli – einem bedeutenden Reisanbaugebiet – gekauft wurde, um eine spezielle medizinische Paste herzustellen.

Überfluten der Felder vor dem Setzen der Reispflanzen; China, um 1850

Anderenorts betrachtete man Reis – ebenso wie andere Waren aus fremden Ländern, etwa Gewürze und Zucker – weiterhin als exotische Ingredienz. Man erwarb ihn bei genuesischen, venezianischen und arabischen Kaufleuten, die ihn mit ihren Schiffen aus fernen Ländern holten und zu unglaublich hohen Preisen verkauften. Welchen Wert Reis im Lauf seiner Geschichte einmal hatte, sieht man beispielsweise daran, dass das Mailänder Tribunal von 1336 den Preis für ein Pfund Reis auf 12 Imperiale festsetzte, während der Preis für ein Pfund Honig lediglich 8 Imperiale betrug.

Jenseits der Grenzen von Spanien und Sizilien begann man um diese Zeit in Norditalien und anderen Teilen Europas, Reis als gemahlenes Getreide zu verwenden und Gerichte aus Reismehl zuzubereiten. Das berühmteste dieser Rezepte ist *Bianco Mangiare* – heute zu grauenvollem *Blanc Manger* aus der Tüte verkommen –, bei dem es sich, wie bereits der

Name vermuten lässt, um eine Speise handelte, die ausschließlich aus weißen Zutaten bestand: Reismehl, Ziegen- oder Mandelmilch und weißfleischiger Fisch oder weißes Geflügelfleisch, alles zu einer dickflüssigen, cremigen Masse vereint, die einem Pudding glich und süß oder pikant sein konnte. Abwandlungen dieses Rezepts finden sich in Kochbüchern des 14. und 15. Jahrhunderts aus verschiedenen Teilen Europas.

Im 15. Jahrhundert setzte sich Reis zunehmend auch in anderen Regionen Italiens – im Gebiet der heutigen Toskana, des Piemont und der Lombardei – sowie in verschiedenen

Reisanbau bei Manila auf den Philippinen; um 1857

Teilen Nordeuropas durch. Vor allem in der Lombardei entwickelte sich der Reisanbau in den flachen, feuchten, oft nebeligen Gebieten, die große Teile der Region ausmachen. Ausgehend von den Provinzen Mailand und Verona im Jahr 1390, breitete sich der Reisanbau 1465 in die saluzzesischen Provinzen und 1468 in die Toskana im Bereich der Provinz Pisa aus. Weitere Reispflanzungen entstanden 1475 in Mailand und 1493 in Vercelli.

Unklar bleibt, ob Reis ursprünglich aus dem Norden oder aus Sizilien und Spanien nach Italien kam. Ein Argument, das für den Norden spricht, ist die Ähnlichkeit zwischen frühen italienischen Reisgerichten und frühen flämischen Rezepten, die aus einer Zeit stammen, als sowohl die Lombardei wie auch Flandern unter der Herrschaft von Kaiser Karl V., König von Spanien, standen. So ist auf einem berühmten Gemälde von Pieter Brueghel, das eine Bauernhochzeit zeigt, eine Speise abgebildet, die wie ein Vorläufer des *Risotto alla Milanese* aussieht. Sollte es sich dabei tatsächlich um einen frühen Safranrisotto handeln, dann gehört dieser spezielle Risotto zu den ältesten und traditionsreichsten. Safranrisotto taucht auch in zahlreichen lombardischen Legenden als ein Symbol für Feste auf, was meines Erachtens vor allem auf seine goldgelbe Farbe zurückzuführen ist. In vielen Geschichten steht er mit Hochzeiten in Zusammenhang.

Die andere Theorie lautet, dass Reis in den Jahren zwischen 1498 und 1505 durch spanische und portugiesische Kaufleute, die nach Kalkutta und Goa reisten, nach Spanien und Portugal kam. Möglicherweise wurde er an den spanischen Hof von Neapel gebracht und gelangte dann mit den spanischen Truppen Friedrichs von Aragonien nach Norden in die Lombardei und das Piemont.

Berücksichtigt man alle historischen Belege, dann waren vermutlich beide Einflusssphären – die nördliche wie die südliche – von Bedeutung, denn Italiener essen Reis im Norden und im Süden ihres Landes auf sehr unterschiedliche Weise.

Im Norden führte die Gewohnheit, Reis zusammen mit anderen Zutaten in Brühe oder Fond – als eine frühe Form des Risotto – zu kochen, zum Anbau von dicken, rundlichen Reiskörnern, die viel Flüssigkeit aufnehmen können. Im Süden hingegen herrschte eine von den Arabern beeinflusste Zubereitungsmethode vor, bei der der Reis für sich gekocht und erst dann mit anderen Zutaten, beispielsweise für einen Reissalat, vermischt wurde. Aus diesem Grund besteht im Süden auch heute noch ein geringerer Bedarf an Risottoreis, der reichlich Flüssigkeit absorbieren kann.

Historisch gesichert ist, dass sich der Reisanbau im 15. Jahrhundert in der lombardischen Region Lomellina durchsetzte. Reis war somit nicht länger eine exotische und teure Importware, wurde allerdings weiterhin ausschließlich als Eigentum des Adels und der Großgrundbesitzer des Herzogtums von Mailand betrachtet. Jegliche Ausfuhr von Reis aus der Region, selbst in benachbarte Gebiete, wurde mit Zöllen und Steuern belegt.

Für das Jahr 1475 finden sich dann Belege in Form von zwei Briefen, die einer meiner Vorfahren, Gian Maria Galeazzo Sforza, an den Herzog von Ferrara schrieb. Darin überließ er ihm zwölf Sack *risone*, wie man Reis damals nannte, um ihn versuchsweise in den Feuchtgebieten der Provinz Ferrara anzupflanzen. Damit war der Reisanbau außerhalb der Lombardei erstmals offiziell und legal möglich. Man muss jedoch hinzufügen, dass alle Vorschriften und Anordnungen, die den Handel mit und den Anbau von Reis außerhalb der Lombardei zuvor hatten verhindern sollen, weitgehend wirkungslos waren. Zu der Zeit, als der Herzog die Erlaubnis von Sforza erhielt, Reis legal anzubauen, hatte die Kultivierung in vielen anderen Regionen des Nordens bereits begonnen.

In der Folgezeit gewann der Export zunehmend an Bedeutung und Reis gelangte über den Gotthardpass nach Norden in die übrigen Teile Europas. Bald florierte der Reishandel auf dieser direkten Süd-Nord-Verbindung. 1494 wurden Vorschriften erlassen, die die Benutzung des Passes und die beförderten Mengen des Getreides betrafen. Dies führte dazu, dass sich innerhalb von fünf Jahren ein völlig neuer Zweig von Händlern herausbildete, der sich ausschließlich mit dem komplizierten Reisexport befasste. Der Verkehr über den Pass nahm so stark zu, dass Ludovico il Moro, der Francesco Sforza als Herzog von Mailand abgelöst hatte, den Export von Reis gänzlich untersagte.

Welch große Bedeutung dem Reisanbau in jener Zeit bereits zukam, lässt sich daran erkennen, dass schon 1550 die Reisfelder rund um die Stadt Mailand eine Fläche von 550 Hektar einnahmen.

Ludovico il Moro, Herzog von Mailand,
der im 15. Jahrhundert in Italien den Reisanbau
in Wasserkultur einführte

Dies war weitgehend auf eine Entscheidung zurückzuführen, die Ludovico il Moro 1489, kurz nachdem er Herzog von Mailand geworden war, getroffen hatte. Bis zu dieser Zeit hatte man Reis nach arabischem Vorbild in Trockenkultur angebaut. Mein Vorfahr Ludovico, der alle Proteste und Bedenken ignorierte, ordnete die radikalste und bedeutendste Änderung im Reisanbau an: das Überfluten der Felder, damit die Reispflanzen im Wasser wachsen konnten.

Die Bedenken der Öffentlichkeit gegenüber dem Reisanbau im Wasser bezogen sich hauptsächlich auf die Volksgesundheit und führten schließlich zu einem allgemeinen Misstrauen gegenüber Reis. Große Anstrengungen wurden unternommen, um dem wertvollen Nahrungsmittel den Makel von Krankheit zu nehmen. Selbst die Kirche beteiligte sich daran, wie eine Erklärung von Kardinal Carlo Borromeo aus dem Jahr 1576 zeigt, in der er feststellte, dass es keinen Zusammenhang zwischen Malaria und den Reisfeldern gäbe. Acht Jahre später, inmitten der anhaltenden Hysterie, veröffentlichten die Ärzte der Fakultät von Novara mutig ihre Erkenntnisse zum Thema Krankheit und Reisanbau. Ihre Ergebnisse, die sich später als absolut korrekt erwiesen, lauteten, dass der Anbau von Reis keine Gefahr für die Gesundheit darstelle, solange man für sauberes fließendes Wasser auf den Feldern sorge und es nicht morastig werde.

Trotz dieser Feststellungen hielten die Auseinandersetzungen unvermindert an. Am 24. September 1575 verbot der Vizekönig von Spanien, der Marquis von Ayamonte, den Anbau von Reis im Umkreis von neun Kilometern vor den Stadtmauern Mailands und im Umkreis von 7,5 Kilometern vor anderen Stadtmauern. Die Strafen bei Zuwiderhandeln waren äußerst hart – drei Jahre in Ketten, Ruderdienst auf einem Kriegsschiff oder das Exil außerhalb der Region für die gleiche Anzahl von Jahren. Interessanterweise waren die Strafen für den Adel und den Klerus, denen die Felder schließlich gehörten, weitaus milder als für andere. Die Geistlichkeit, die sich ohnehin nicht an weltliche Gesetze gebunden fühlte, bestritt einen Zusammenhang zwischen Reis und Pestilenz weiterhin lautstark und forderte ihr Recht, das anzubauen, was ihr beliebte.

Doch obwohl die Reisfelder Eigentum der oberen Gesellschaftsschichten waren, scheint Reis kein geeignetes Nahrungsmittel für ihre hochherrschaftlichen Tafeln gewesen zu sein und blieb hauptsächlich eine Kost für einfache Leute und Bauern. Im Gegensatz zu seinem frühen Status als exotische, importierte Neuheit, die sich nur der Adel leisten konnte, erfüllte Reis in späteren Jahren einen völlig anderen Zweck.

Infolge der Notwendigkeit, die Armen zu ernähren, gewann Reis im ausgehenden Mittelalter und geraume Zeit später erneut an Bedeutung, denn man erkannte, dass er überaus nützlich war, um die Bevölkerung, die sich allzu rasch vermehrte und von den Weizenerträgen des Landes nicht existieren konnte, satt zu bekommen. Der Not gehorchend, wurde der Reisanbau wieder wichtiger, und auch andere, zuvor unbekannte Getreidearten wie Roggen und Buchweizen wurden in den alltäglichen Speiseplan aufgenommen.

Im 15. und 16. Jahrhundert kam es zu weit reichenden Veränderungen auf den Tischen der einfachen Leute und eine radikale Umstellung der Ernährung begann. Fleisch und andere eiweißreiche Nahrungsmittel wurden nach und nach durch große Mengen an Kohlenhydraten ersetzt und Reis, Polenta und dicke Suppen mit kräftigem Brot wurden zu Symbolen der Kost der Armen, der Bauern und der Arbeiter in der Stadt. Diese Küche ist noch immer als *la cucina povera* bekannt und hat heute einen elitären Status auf den Speisekarten der feinsten Restaurants in aller Welt. Sonderbar und traurig ist, dass wir erst jetzt, am

Ende des 20. Jahrhunderts, erkennen, dass diese Art der Ernährung besonders gesund und sättigend ist.

Wie groß der Hunger in jenen Tagen gewesen sein muss, zeigt ein Dokument, das 1590 von dem Schreiber Pompeo Viziani aus Bologna verfasst wurde. Er berichtet, dass Bauern aus der Stadt gewiesen wurden, wo sie in einer ohnehin schon angespannten Lage um Essen gebettelt hatten und man jedem von ihnen, nachdem man sie ausgesperrt hatte, 120 g Reis pro Tag zuteilte, um sie bis zur Ernte ruhig zu halten.

Reis galt also, wie auch andere großartige italienische Speisen, etwa Pasta, Polenta und Pizza, nicht als adäquates Nahrungsmittel für den Adel, half aber die Probleme von Hungersnöten zu lösen. Deshalb findet man aus dieser Zeit auch nur sehr wenige italienische Reisrezepte. Wir wissen allerdings, dass die Zubereitungsmethoden in Norditalien von Frankreich und Spanien beeinflusst waren. Reis wurde in Brühe weich gekocht und dann mit anderen Zutaten vermischt, wie Gemüse oder – so vorhanden – etwas Fleisch oder Fisch. Mit typisch italienischem Einfallsreichtum war es auf diese Weise möglich, alles, was an Protein zur Verfügung stand, zu schmackhaften, sättigenden Gerichten zu verarbeiten, mit denen sich viele hungrige Münder stopfen ließen.

Nachdem Reis während dieser Zeit in Italien verhältnismäßig weit verbreitet war, scheint er dann abermals an Beliebtheit verloren zu haben. Erneut hielt man ihn zu Unrecht für die Ursache verschiedener Krankheiten wie Malaria, Pest und anderer Plagen. Bis ins 17. Jahrhundert wurde die Ausweitung und Entwicklung der Reisfelder vielerorts untersagt und in einigen Fällen mussten Anpflanzungen wegen schlechter hygienischer Zustände und „verpesteter Luft“ gänzlich aufgegeben werden. In jenen Tagen wurde Italien von einer ganzen Reihe an Krankheiten heimgesucht, die man auf eine „Verpestung der Luft“ zurückführte und die damaligen Mediziner verfügten nicht über das nötige Wissen, sie zu verstehen oder mit ihnen fertig zu werden. Alle möglichen kuriosen Ursachen wurden verschiedenen Krankheiten unterstellt – und ebenso viele ungewöhnliche Therapien ersonnen. Der Reis und sein Anbau, der sich gerade zu etablieren begonnen hatte, scheinen in der allgemeinen Verwirrung um seine heilvollen und unheilbringenden Wirkungen untergegangen zu sein.

Im 18. Jahrhundert stellte die Ernährung der hungrigen Bevölkerung abermals ein drängendes Problem dar und Reis nahm wieder eine wichtige Rolle in der italienischen Küche ein. Erneut erlangte das stärkereiche Nahrungsmittel große Bedeutung und überall im Land wurden Reis und andere Feldfrüchte wie Mais, Kartoffeln und Buchweizen vermehrt angebaut oder sogar neu eingeführt. Dies sollte der Wendepunkt für den Reis sein, denn er wurde nun von immer mehr Menschen aller Gesellschaftsschichten gegessen. Diese zunehmende Akzeptanz spiegelt sich auch darin wider, dass ab jener Zeit mehr und mehr Reisrezepte Eingang in die Kochbücher fanden.

Die alte Zubereitungsmethode, Reis in Brühe zu kochen und je nach Verfügbarkeit andere Zutaten zuzugeben, war zwar weitgehend aus der Not heraus entstanden, hat sich aber trotz alledem bereits seit mehreren Jahrhunderten bewährt. Erst im 19. Jahrhundert allerdings setzte sich in den Rezepten jene Kochtechnik durch, die wir heute kennen: das Anrösten der Reiskörner in Fett oder Öl und das anschließende Zufügen von heißer Brühe oder Fond in kleinen Mengen.

Wer aber ersann den allerersten Risotto, so wie wir ihn kennen? Wann wurde aus einer

Ein Gemälde von Angelo Morbelli, das den Reisanbau in Italien im späten 19. Jahrhundert zeigt

einfachen Kochtechnik eine Zubereitungsart, bei der der Reis seine Form, sein Aroma und seine Textur bewahrte und sich gleichzeitig mit den Aromen der übrigen Zutaten vereinte, ohne dass diese ihren eigenen Charakter einbüßten? Nur allzu gerne würde ich an dieser Stelle den Namen eines unbekannten kulinarischen Helden nennen, dem dieser bedeutsame Schritt zu verdanken ist, doch in keinem der Dokumente und Bücher, die ich gelesen habe, findet sich ein entsprechender Hinweis!

Was wir jedoch wissen, ist, dass Reis im 19. Jahrhundert nun auch von den oberen Gesellschaftsschichten als standesgemäßes Nahrungsmittel akzeptiert wurde – sowohl als Alltagsspeise wie auch als Bestandteil von Festgelagen. Damit hatte er, wenn auch spät, endlich seinen ihm gebührenden Platz in der Ernährung der Bevölkerung eingenommen.

Reissorten

In der uralten indogermanischen Sprache Sanskrit hieß Reis *vrihi* und erscheint später im Persischen als *brizi*. Von dort fand er als *oriza* seinen Weg in die griechische Küche und Sprache. Im Lauf der Geschichte wurden das Getreide und seine Bezeichnung als *oryza* Bestandteil der römischen Kultur. Zu anderen frühen Namen für Reis zählen das südindische Wort *arisi*, das illyrische *oryz* und das arabische *eruz* oder *uruz*.

Als Grundnahrungsmittel spielt Reis in der menschlichen Ernährung eine ebenso wichtige Rolle wie Weizen. Die einjährige Pflanze zählt wie Hafer, Weizen, Gerste und Roggen zu den Getreidepflanzen, unterscheidet sich jedoch stark von den übrigen Getreidearten. Das wesentlichste Merkmal in diesem Zusammenhang ist die Zusammensetzung der Stärke, denn diese ist für die cremige, samtige Konsistenz eines Risotto verantwortlich.

Über Jahrtausende entwickelten sich aus dem ursprünglichen Reiskorn zwei unterschiedliche Kulturarten: der asiatische *Oryza sativa* und der afrikanische *Oryza glaberrima*. Die afrikanische Art wurde bereits 1500 vor Christus am Oberlauf des Niger und im Gebiet des Tschadsees in nennenswertem Umfang angebaut.

Oryza sativa, die bedeutendere der beiden Arten, unterteilte sich im Lauf der Zeit in drei Typen: Indica, Japonica und Javanica. Diese Namen leiten sich von den ursprünglichen Hauptanbaugebieten der Reistypen ab. Indica ist ein ertragreicher, krankheitsresistenter Reis mit langem schlankem Korn. Vom Indicatyp stammen der pakistanische Basmatireis mit seinem charakteristischen Sandelholzduft ab, der Thaireis sowie alle amerikanischen Langkornreissorten, die als Patnareis auf dem Markt sind. Der Japonicatyp eignet sich für den Anbau in gemäßigteren Klimazonen. Er hat ein kurzes Korn, das reichlich Stärke enthält, und ist oftmals klebrig. Nachdem er von China nach Japan gelangt war, wurde er durch Kreuzung zur Urform aller italienischen Reissorten. Javanica, der unbedeutendste Typ, wird hauptsächlich in Indonesien kultiviert und hat ein langes, sehr dickes Korn.

Bis ins späte 19. Jahrhundert trug keine der in Italien angebauten Reissorten einen speziellen Namen oder eine Klassifizierung, da alle Sorten das Ergebnis spontaner Kreuzbestäubung waren. Im Jahr 1887 jedoch wurde im Gebiet von Vercelli erstmals eine Reissorte angebaut, die den Namen Giapponino trug, sich aber im Aussehen und in den Kocheigenschaften noch stark von modernem Risottoreis unterschied.

In der Folgezeit bildeten sich dann drei Reissorten – Nostrale, Originario und Lady Wright – heraus, die die Erscheinungsform des italienischen Risottoreises nachhaltig prägen sollten. Nostrale war im 19. Jahrhundert sehr bekannt, chinesischer Originario entstand 1904 aus der japanischen Sorte Omahi und die Sorte Lady Wright wurde 1925 aus den USA importiert. Durch weitere Versuche und Kreuzungen entwickelte sich schließlich die breite Palette italienischer Reissorten, so wie wir sie heute kennen.

Schon in sehr frühen italienischen Kochbüchern für Risotto aus der ersten Hälfte des 20. Jahrhunderts gaben die Autoren die jeweilige Reissorte für die einzelnen Rezepte an. Mit anderen Worten, sie hielten entsprechend den weiteren Zutaten bestimmte Reissorten – zu Recht – für besser geeignet als andere. Daran hat sich nichts geändert, auch wenn es heutzutage schwierig ist, eine so große Vielfalt von Reissorten für Risotto zu finden und sich allein daher viele unserer heutigen Risotti stark von denen unserer Großmütter und Urgroßmütter unterscheiden.

Im Folgenden sind die wichtigsten Risottoreissorten, die heute angeboten werden, aufgeführt, doch dauert die Züchtung neuer Sorten an und das Bild wandelt sich stetig.

Arborio ist eine ausgesprochen beliebte Reissorte und fast überall erhältlich. Sie ist nach der Ortschaft in der Region Vercelli benannt, wo sie 1946 erstmals gezüchtet wurde. Da die Körner sehr groß sind, muss Arborioreis mit besonderer Sorgfalt gekocht werden und anschließend, wenn man den Topf von der Kochstelle genommen hat, unbedingt noch einige Minuten ruhen. Diesen Vorgang, bei dem der Risotto nochmals cremiger und samtiger wird, nennt man *mantecare*. Arborioreis eignet sich für alle Risotti, kann aber auch, gekocht und abgespült, mit Butter und frisch geriebenem Parmesan vermischt oder mit einer separat gekochten Sauce serviert werden.

Baldo ist ein sehr feiner Reis mit kompakter Struktur. Er eignet sich für Risotti, Reissalate und gekochten Reis, der mit einer separat gekochten Sauce verrührt wird.

Carnaroli eignet sich ausgezeichnet für alle Risottorezepte. Aufgrund seiner speziellen Stärkezusammensetzung bewahrt er seine Form und Textur besonders gut. Carnarolireis lässt sich daher relativ einfach garen und neigt am wenigsten zum Zerkochen.

Originario eignet sich für Reisgerichte mit Wurstbrät, als Beilage zu Fleischtöpfen, für Gemüserisotti, für überbackene Reisgerichte mit Fisch oder Auberginen und Mozzarella, für Milchreis, für *arancini*, für Füllungen und Farcen.

Padano und **Maratelli** sind gute Reissorten für Suppen und alle Arten von Risotti.

Ribe ist am besten für Gerichte mit separat gekochtem Reis geeignet, lässt sich aber auch für Risotto verwenden.

Roma und **Sant'Andrea** sind Reissorten mit großen Körnern. Sie eignen sich für alle traditionellen Risotti und werden speziell für *Risi e Bisi* verwendet.

Rosa Marchetti ist eine sehr seltene Reissorte mit kleinen rundlichen Körnern, die hauptsächlich im Piemont Verwendung findet und anderenorts kaum erhältlich ist.

Vialone Nano ist vor allem in der Gegend von Mantua und Verona beliebt. Er hat große rundliche Körner. Man nimmt ihn für besonders cremige und glatte Risotti.

Vialone Nano Gigante hat die gleichen Eigenschaften wie Vialone Nano, doch sind die Körner noch größer.

ANMERKUNGEN ZU DEN REZEPTEN

Die Mengenangaben beziehen sich auf gestrichene Ess- und Teelöffel.

1 Esslöffel entspricht 15 ml, 1 Teelöffel entspricht 5 ml.

Ein Weinglas entspricht ungefähr 150 ml.

Eier haben die Größe M (mittelgroß).

Für einen Risotto rechnet man pro Person etwa 100 g Reis, doch sollte die Menge geringer sein, wenn das Gericht noch viele andere Zutaten enthält.

Pro 500 g Reis werden 1,5 l Fond benötigt.

Pro Portion rechnet man etwa 10 g Zwiebeln und 20 g Butter.

Alle frischen Zutaten müssen vor der Verwendung gewaschen werden.

Die Gerichte können nach Geschmack mit Salz und Pfeffer oder anderen Würzzutaten individuell abgeschmeckt werden.

Die in den Rezepten angegebenen Portionen sind recht großzügig bemessen.

Der Fond
Il Brodo

Ich kann nicht oft genug betonen, wie wichtig ein guter Fond für einen Risotto ist. Hat man einen erstklassigen Fond mit viel Aroma, ist es praktisch unmöglich, einen schlechten Risotto mit fadem Geschmack zu kochen. In allen Rezepten ist angegeben, welche Art von Fond ich für die beste halte, doch können Sie selbstverständlich auch einen anderen aus den aufgeführten Fondrezepten wählen. Unabhängig davon, wofür Sie sich entscheiden, sollten Sie stets daran denken, dass jedes Reiskorn das Fünffache seines eigenen Volumens an Flüssigkeit absorbieren kann und das Aroma des Fonds daher vollständig von den Reiskörnern aufgenommen wird.

Bei manchen Rezepten, etwa bei einem Fischrisotto, liegt es auf der Hand, dass ein Fisch- oder Gemüsefond besser mit den übrigen Zutaten harmoniert als ein Wild- oder Rinderfond. Bei anderen Rezepten ist die richtige Wahl des Fonds schwieriger. Führen Sie sich in diesen Fällen die geschmackliche Zusammensetzung Ihres Risotto vor Augen und wählen Sie auf dieser Basis einen dazu passenden Fond. Haben Sie Zweifel, nehmen Sie einen Gemüsefond oder einen leichten Hühnerfond. Es ist weitaus besser, einen nicht so kräftigen Fond zu verwenden als einen geschmacklich dominanten. Fonds mit besonders intensivem Aroma, wie dunkler Rinder- oder Wildfond, erfordern kräftige andere Aromen, um nicht vorzuschmecken.

In allen Rezepten ist eine bestimmte Menge an Fond angegeben, doch braucht man mitunter etwas weniger oder auch mehr Flüssigkeit. Abhängig ist dies von der Kochtemperatur, der Form und Größe des Topfes, der verwendeten Reissorte und den sonstigen Zutaten wie Wein oder dem Saft von Gemüsen. Reicht der vorhandene Fond nicht aus, können Sie heißes Wasser oder ein weiteres Glas Wein nehmen oder – falls vorhanden – etwas zusätzlichen Fond erhitzen, um den Risotto fertig zu kochen.

Sie sollten davon absehen, einen Risotto mit Brühwürfeln zuzubereiten. Ihren liebevoll selbst gekochten Fond können Sie in Eiswürfelbehältern einfrieren und anschließend in beschrifteten Beuteln aufbewahren. Vergessen Sie nicht, das Datum auf den Schildchen zu vermerken, damit sie keine unangenehmen Überraschungen erleben und feststellen müssen, dass Ihr Fond überlagert und verdorben ist.

SCHRITT FÜR SCHRITT EINEN FOND ZUBEREITEN

1

Alle Zutaten für den Fond in einen Topf geben. Das Wasser dazugießen und das Salz hinzufügen.

2

Zum Kochen bringen, dann die Hitze reduzieren, den Deckel auflegen und alles etwa 2 Stunden köcheln lassen. In Abständen den aufsteigenden Schaum abschöpfen. Den Topf von der Kochstelle nehmen und zum Abkühlen beiseite stellen.

3

Den Fond durch ein feines Sieb in eine Schüssel gießen und die aromatische Flüssigkeit aus den Zutaten herausdrücken.

4

Wenn der Fond vollständig abgekühlt ist, das an der Oberfläche schwimmende Fett abschöpfen. Der Fond lässt sich bis zu 3 Tagen im Kühlschrank, bis zu 6 Monaten im Gefrierschrank aufbewahren.

Hühnerfond

Brodo di Pollo

ERGIBT ETWA 1,5 LITER

Etwa 750 g Suppenhuhn
1 Zwiebel, in Viertel geschnitten, oder
1 Stange Porree, längs halbiert
2 Stangen Bleichsellerie, halbiert
2 Möhren, halbiert
1,5 l kaltes Wasser
2 Prisen Salz
Einige Stengel frische Petersilie
6 schwarze Pfefferkörner

Das Huhn mit dem Gemüse in einen Suppentopf geben. Das Wasser dazugießen und das Salz, die Petersilie und die Pfefferkörner hinzufügen. Zum Kochen bringen, dann die Temperatur herunterschalten, den Deckel auflegen und alles etwa 2 Stunden köcheln lassen. Den zur Oberfläche aufsteigenden Schaum in regelmäßigen Abständen abschöpfen. Den Fond von der Kochstelle nehmen und abkühlen lassen.

Den Fond durch ein Sieb in eine Schüssel gießen und möglichst viel Flüssigkeit aus den Zutaten im Sieb herausdrücken. Wenn der Fond vollständig abgekühlt ist, das Fett entfernen, das sich oben auf der Flüssigkeit abgesetzt hat und fest geworden ist.

Der Fond hält sich im Kühlschrank bis zu 3 Tagen, im Gefrierschrank bis zu 6 Monaten.

Fischfond

Brodo di Pesco

Damit der Fond ein feines Aroma bekommt, sollten Sie ausschließlich weißfleischigen Edelfisch verwenden.

ERGIBT ETWA 3 LITER

Etwa 2 kg Abschnitte und Gräten von weißfleischigem Edelfisch
1 Stange Porree, in Scheiben geschnitten
1 große Stange Bleichsellerie, in vier Stücke geschnitten
1 Möhre, in vier Stücke geschnitten
1 Glas trockener Weißwein
6 Stengel frische Petersilie
$^1/_4$ Zitrone
12 schwarze Pfefferkörner
2 Lorbeerblätter
2 Prisen Salz
2,5 l kaltes Wasser

Die Fischabschnitte und Gräten 10 Minuten in kaltes Wasser legen, damit sie ihren bitteren oder modrigen Geschmack verlieren. Dann die Kiemen und Fischaugen entfernen und wegwerfen.

Die Fischabschnitte und Gräten in einen Suppentopf geben. Die übrigen Zutaten hinzufügen, durchrühren und zum Kochen bringen. Die Hitze reduzieren, den Deckel auflegen und alles nicht länger als 20 Minuten köcheln lassen, da der Fond sonst bitter werden kann. Schaum, der zur Oberfläche aufsteigt, abschöpfen. Den Fond von der Kochstelle nehmen und vollständig abkühlen lassen.

Dann den Fond durch ein Sieb in eine Schüssel gießen und möglichst viel Flüssigkeit aus den festen Zutaten herausdrücken.

Der Fond hält sich im Kühlschrank bis zu 2 Tagen, im Gefrierschrank bis zu 3 Monaten.

Rinder- oder Kalbsfond

Brodo di Manzo o di Vitello

ERGIBT ETWA 3 LITER

1,5 kg Rinder- oder Kalbsknochen
1 Zwiebel, in Viertel geschnitten
2 Möhren, jeweils in vier Stücke geschnitten
1 Stange Porree, in vier Stücke geschnitten
2 Stangen Bleichsellerie, jeweils in vier Stücke geschnitten
1 Tomate, in Viertel geschnitten
1 Bouquet garni, bestehend aus frischer Petersilie und Thymian
6 schwarze Pfefferkörner
1 Prise Salz
3 l kaltes Wasser

Alle Zutaten in einen großen Suppentopf geben und zum Kochen bringen. Dann die Temperatur herunterschalten und alles etwa 4 Stunden köcheln lassen; zwischenzeitlich den Schaum, der zur Oberfläche aufsteigt, abschöpfen.

Den Fond durch ein Sieb in eine Schüssel gießen und möglichst viel Flüssigkeit aus dem Gemüse herausdrücken. Abkühlen lassen.

Um einen kräftigeren dunklen Fond zu erhalten, die Knochen zunächst in einem flachen Bräter für etwa 20 Minuten im vorgeheizten Backofen bei 230 °C (Gasherd Stufe 5) rösten. Dann das Gemüse dazugeben und weitere 20–25 Minuten mitrösten. Wenn nötig, mit etwas Wasser begießen. Die Zutaten anschließend in einen Suppentopf geben, das restliche Wasser hinzufügen und wie oben beschrieben fortfahren.

Der Fond kann im Kühlschrank bis zu 3 Tagen oder im Gefrierschrank bis zu 6 Monaten aufbewahrt werden.

Wild- oder Entenfond

Brodo di Cacciagione o di Anatra

Für Entenfond benötigt man nur die Hälfte der angegebenen Buttermenge.

ERGIBT ETWA 2 LITER

40 g Butter
1 kg Wild- oder Entenkarkassen, in grobe Stücke gehackt
500 g Suppengrün (Möhre, Zwiebel, Bleichsellerie, Porree und frische Petersilie), grob gehackt
2 l kaltes Wasser
1 Prise Salz
2 schwarze Pfefferkörner

Die Butter in einem Suppentopf zerlassen und die Karkassenstücke darin bei niedriger Temperatur anbraten, um ihr Aroma zu verstärken. Wenn sie gut gebräunt sind, das Suppengrün hinzufügen und mitgaren, bis es glänzt.

Das Wasser, das Salz und die Pfefferkörner dazugeben und alles zum Kochen bringen. Die Temperatur herunterschalten, den Deckel auflegen und das Ganze etwa 2 Stunden köcheln lassen; zwischenzeitlich immer wieder den Schaum, der zur Oberfläche aufsteigt, abschöpfen.

Den Fond durch ein Sieb gießen und möglichst viel Flüssigkeit aus den festen Zutaten herausdrücken. Den Fond abkühlen lassen. Er hält sich im Kühlschrank bis zu 3 Tagen und im Gefrierschrank bis zu 6 Monaten.

Gemüsefond

Brodo Vegetale

Zum Kochen eines Fonds kann man praktisch jedes rohe Gemüse verwenden. Dies bietet die Möglichkeit, Gemüse zu verwerten, das nicht mehr ganz frisch oder von anderen Rezepten übrig geblieben ist.

ERGIBT ETWA 1 LITER

2 Möhren, jeweils in vier Stücke geschnitten
1 große Zwiebel, halbiert
2 Stangen Bleichsellerie, jeweils in vier Stücke geschnitten
2 Tomaten, halbiert
2–3 Kohlblätter, jeweils in vier Stücke geschnitten
1/2 Stange Porree
8 Salatblätter, halbiert
2 Prisen Salz
1,2 l kaltes Wasser

Das Gemüse putzen, waschen und in einen Suppentopf geben. Das Salz hinzufügen und das Wasser dazugießen. Langsam zum Kochen bringen, dann die Hitze reduzieren, den Deckel auflegen und alles 1 1/2 Stunden köcheln lassen.

Den Topf von der Kochstelle nehmen und den Fond abkühlen lassen. Dann durch ein Sieb in eine Schüssel gießen.

Der Fond hält sich im Kühlschrank bis zu 3 Tagen, im Gefrierschrank bis zu 6 Monaten.

Risottozubereitung

Das Kochen von Risotto ähnelt einer Liebesnacht. Man muss in der Stimmung dazu sein und mit dem, was vor sich geht, in Einklang stehen. Achten Sie auf all die kleinen knarrenden, krachenden Geräusche, die der Reis von sich gibt, wenn Sie ihn anrösten, bis er beinahe versengt ist. Und atmen Sie erleichtert mit ihm auf, wenn Sie schließlich die erste Kelle Flüssigkeit angießen und der Reis Sie mit einer zischenden Dampfsäule belohnt – man nennt dies *il sospiro*, den Seufzer. Wenn Sie den Reis nun liebevoll durchrühren und jedesmal auf den richtigen Moment warten, um weitere Flüssigkeit anzugießen, sodass die Reiskörner aufquellen und in einem Meer aus Samt schwimmen, dann verwandelt er sich unter Ihrer sanften Hand in ein cremiges, geschmeidiges Meisterwerk. Und am Ende, wenn alles vorbei ist, lassen Sie ihn noch kurze Zeit ruhen, um ihn anschließend siegesgewiss auf den Tisch zu bringen.

Es gibt keine festen Regeln dafür, wie die Textur eines Risotto beschaffen sein soll. Im Nordwesten Italiens, in der Lombardei und im Piemont, sind die Risotti verhältnismäßig trocken, während sie in der Region Veneto eher eine weichere, flüssigere Konsistenz haben. Je weiter man nach Osten kommt, desto lockerer und weicher scheinen die Risotti zu werden. Stellen Sie also lediglich sicher, dass Ihr Risotto am Ende der Garzeit so beschaffen ist, wie Sie ihn selbst am liebsten mögen!

Reissorten

Dort, wo es mir sinnvoll erschien, habe ich bestimmte Reissorten in den Rezepten angeführt. Die Angaben beruhen auf meinen eigenen Vorlieben und sind daher nur als Vorschlag zu verstehen. Überdies wird man nicht alle Reissorten problemlos in Geschäften finden und das Angebot scheint auch ständig zu wechseln. Experimentieren Sie mit verschiedenen Reissorten, wenn sich die Möglichkeit dazu bietet, denn auf diese Weise können Sie sehen, wie sich die Textur des fertigen Gerichts durch unterschiedliche Reissorten verändert.

Wenn ich keine spezielle Reissorte, etwa Carnaroli, aufgeführt habe, steht in den Rezepten einfach nur „Risottoreis“ und Sie müssen selbst eine geeignete Sorte auswählen. Gibt es die angegebene Sorte bei Ihnen nicht zu kaufen, nehmen Sie eine andere. Der am häufigsten erhältliche Risottoreis ist Arborio, den Sie praktisch in jedem Supermarkt finden. Andere bekannte Sorten sind Vialone Nano, Vialone Nano Gigante, Roma, Baldo, Rosa Marchetti und der bereits genannte Carnaroli (siehe Seite 18–21).

Ein Risotto will gerührt werden

Ein perfekter Risotto verlangt vom Koch vor allem eines – geduldiges, unermüdliches Rühren. Wenn der Reis ins heiße Fett kommt, müssen die Reiskörner durch und durch erhitzt werden. Damit das rasch, gleichmäßig und vor allem ohne Bräunen geschieht, darf der Reis keine Sekunde ruhig am Topfboden liegen. Während sich nun das heiße Fett mit der Reisstärke am und im Korn verbindet, geschieht etwas für die Konsistenz eines Risotto Grundlegendes: Die Reisstärke wird so verändert, dass der später mit dem Fond entstehende Reisstärkebrei, der natürlicherweise zäh und leimartig wäre, eine wunderbar cremige Konsistenz bekommt. Beginnen wir nun, nachdem der Reis im Fett glasig ist, mit der Zugabe des Fonds – und rühren – und fahren damit fort, bis der gesamte Fond aufgebraucht ist. Gerührt wird jetzt aus zwei Gründen: Der Reis soll so viel Flüssigkeit wie möglich aufnehmen und die durch die Flüssigkeit gequollene Stärke wird von der Reisoberfläche und aus den Randbereichen des Korns freigesetzt, verteilt sich im Gericht und kann ihm damit seine weiche, samtige Beschaffenheit verleihen.

Was kann schief gehen?

Der häufigste Fehler bei der Zubereitung von Risotto ist wohl das zu lange Kochen. Scheuen Sie sich nicht, den Risotto von der Kochstelle zu nehmen, obwohl die Reiskörner noch recht hart erscheinen. Der Reis gart weiter, solange er noch heiß ist, und wird dann weich. Es gibt verschiedene andere Dinge, auf die man ebenfalls achten muss. So sollten Sie stets einen Fond bester Qualität verwenden, da sich sein Geschmack auf die übrigen Zutaten überträgt. Damit der Risotto nicht zu kräftig oder zu wenig gewürzt ist, wird er abgeschmeckt, bevor man ihn zum Ruhen stehen lässt. Mitunter gerät ein Risotto zu trocken oder zu flüssig und suppig. Um dies zu verhindern, darf man nur so lange Fond in kleinen Mengen zugeben, bis der Risotto cremig und samtig, der Reis aber noch bissfest ist. Ist die im Rezept angegebene Menge an Fond aufgebraucht, der Risotto aber noch nicht fertig, zusätzlich etwas mehr heißen Fond, heißes Wasser oder Wein hinzufügen.

Risotti für Gäste

Wenn Sie Gästen einen Risotto servieren möchten, sollten Sie unbedingt davon absehen, ihn vorzugaren und dann kurz vor dem Servieren fertig zu stellen. Dies ist eine schlechte Praxis und trägt allenfalls dazu bei, den Ruf dieses außergewöhnlich leckeren Gerichts zu schädigen. Auf der Speisekarte guter italienischer Restaurants steht in Klammern hinter den Risotti „*20 minuti*“, was bedeutet, dass der bestellte Risotto jeweils frisch in der dafür notwendigen Zeit zubereitet wird. Haben Sie Gäste zu einem Risottoessen eingeladen, können Sie die Zwiebel oder den Knoblauch im Voraus dünsten und alle übrigen Zutaten bereitstellen. Und dann sollten Sie sich entweder für die knappe halbe Stunde, die Sie zur Zubereitung des Risotto brauchen, entschuldigen oder einige Ihrer Gäste bitten, doch einfach mit in die Küche zu kommen.

Resteverwertung

Aus übrig gebliebenem Risotto lässt sich der köstlichste *Risotto in Padella* zubereiten. Dazu wird der Risotto in sehr heißem Öl oder in Butter in der Pfanne gebraten und zu einem dicken Pfannkuchen flach gedrückt. Ist die Unterseite goldbraun und knusprig, den Reiskuchen wenden und auf der zweiten Seite bräunen.

Man kann den kalten, übrig gebliebenen Risotto auch mit einigen verschlagenen Eiern vermengen und eine Art *Risotto Frittata* daraus machen. Das Ei hält den Reiskuchen zusammen, sodass er sich einfacher wenden lässt.

Eine weitere Möglichkeit ist, aus dem übrig gebliebenen Risotto walnussgroße Bällchen zu formen und etwas Mozzarella in die Mitte jedes Bällchens zu schieben. Die entstandenen Löcher mit etwas Risotto verschließen und die Bällchen zum Panieren in verschlagenem Ei und Semmelbröseln wenden. Die Reisbällchen in heißem Öl goldbraun frittieren und auf Küchenkrepp abtropfen lassen. Heiß oder lauwarm als eine Art Kanapee oder kleinen Imbiss servieren.

Man kann unter einen Rest Risotto auch übrig gebliebenes gegartes Gemüse und Wurstwaren, etwa rohen Schinken, Mortadella oder Salami mischen.

Kochzubehör für die Risottozubereitung

Sie brauchen einen Suppentopf für den Fond oder das heiße Wasser sowie einen Kochlöffel aus Holz, der gut in der Hand liegt und mit dem Sie den Reis sanft und rhythmisch durchrühren. Das Wichtigste jedoch ist der richtige Topf zum Kochen des Risotto. Er muss hoch und breit sein, jedoch nicht so hoch, dass sich der Reis nicht mehr bequem durchrühren lässt, und auch nicht so breit, dass die gesamte Flüssigkeit verkocht ist, bevor sie der Reis aufnehmen konnte. Die besten Töpfe sind breiter, als sie hoch sind. Achten Sie darauf, dass der Topf ausreichend groß ist, um den aufgequollenen Reis sowie die übrigen Zutaten aufzunehmen, ohne dass der Risotto beim Rühren überläuft. Außerdem sollte der Topf einen schweren, glatten Boden haben, damit der Risotto am Boden nicht zu heiß wird. Nicht so gut geeignet ist ein Topf mit Antihaftbeschichtung, da der Risotto beim Garen durchaus ein wenig am Topfboden haften bleiben soll. Da die meisten Risotti vor dem Servieren noch einige Minuten im geschlossenen Topf ruhen müssen, achten Sie darauf, dass der gewählte Topf über einen gut sitzenden Deckel verfügt.

SCHRITT FÜR SCHRITT ZU EINEM PERFEKTEN RISOTTO

Diese Richtlinien gelten für die Mehrzahl der Risottorezepte in diesem Buch; nur wenige Risotti werden nach einer anderen Garmethode zubereitet.

Als Erstes gilt es, einen Topf der richtigen Größe auszuwählen – ausreichend groß, um den aufgequollenen Reis sowie alle übrigen Zutaten aufnehmen zu können.

1

Die Zwiebel und den Knoblauch oder anderes Gemüse weich dünsten, aber nicht bräunen. Den Reis hinzufügen und unter Rühren glänzend, glasig und sehr heiß werden lassen; er darf jedoch ebenfalls auf keinen Fall Farbe annehmen. Dabei ununterbrochen rühren und nicht ungeduldig werden.

2

Den Wein oder die erste Kelle heißen Fond erst dann angießen, wenn der Reis sehr heiß ist. Rühren, bis der Reis die gesamte Flüssigkeit aufgenommen hat. Dann kellenweise weiteren Fond hinzufügen und jeweils warten, bis der Reis die Flüssigkeit absorbiert hat. Nicht versuchen, diesen Vorgang zu beschleunigen; der Reis muss die Flüssigkeit und deren Aroma langsam aufnehmen. Die Temperatur entsprechend regulieren; mittlere Hitze ist zumeist richtig. Ständig rühren.

Alle benötigten Zutaten bereitstellen, bevor mit der Zubereitung des Risotto begonnen wird. Den Geschmack und die Farbe des Fonds überprüfen, um sicherzustellen, dass es die richtige Art von Fond für den betreffenden Risotto ist. Die entsprechende Reissorte für das Rezept wählen. Den Fond erhitzen und leise köcheln lassen.

3

Nach einiger Zeit hinterlässt der Kochlöffel eine deutliche Spur, wenn man ihn durch den Risotto zieht. Dies ist ein Zeichen dafür, dass der Reis gar oder beinahe gar ist. In diesem Stadium setzt er meist ein wenig in der Topfmitte an.

4

Der Risotto ist gar, wenn er eine samtige Beschaffenheit hat, die Reiskörner aber noch bissfest sind. An diesem Punkt wird der Risotto bei den meisten Rezepten von der Kochstelle genommen und man rührt etwas Butter und/oder Käse unter, legt den Deckel auf und lässt den Risotto noch einige Minuten stehen. Der Risotto wird während dieser Ruhezeit noch cremiger und glatter. Den fertigen Risotto auf einer vorgewärmten Platte oder auf Portionstellern anrichten und sofort servieren.

INOXID
GIGLIO
SCARPERIA

1 Käse und Ei

Dieses Kapitel enthält den einfachsten Risotto überhaupt, den Risotto mit Butter und Parmesan (Seite 40), der meines Erachtens gut dazu geeignet ist, die eigenen Fähigkeiten der Risottozubereitung zu testen. Es ist nur allzu leicht, einen Zubereitungsfehler oder einen Moment der Unaufmerksamkeit hinter einem Haufen beeindruckender Zutaten zu verbergen!

Die Pikante Reistorte auf Seite 45 lässt sich auch in kleinen Timbalen oder Porzellanförmchen zubereiten, doch sieht sie als große Torte besonders schön aus. Wer befürchtet, dass die Torte beim Stürzen aus der Kuchenform Schaden nimmt, kann sie einfach in der Form belassen und in Stücke schneiden.

Die Rezepte mit Fontina und Gorgonzola (Seite 39 und 42) zeigen, wie man einen Risotto zubereiten kann, der neben Reis und Flüssigkeit kaum mehr als einen kräftigen Käse enthält. Experimentieren Sie ruhig auch mit anderen Käsesorten, die keineswegs unbedingt aus Italien stammen müssen. Wählen Sie jedoch in jedem Fall einen Käse mit viel Aroma, da der Risotto sonst fade und langweilig wird.

Risotto mit Fontina

Risotto alla Fontina

Im Aostatal habe ich einige Versionen dieses Rezeptes gegessen, die reichlich Eigelb und Sahne sowie große Mengen dieses herrlich aromatischen Käses enthielten. Der von mir kreierte Risotto mit Fontina ist nicht ganz so gehaltvoll, aber ebenso schmackhaft.

FÜR 4 PERSONEN

1 Zwiebel, gehackt
1/2 Knoblauchzehe, gehackt
100 g Butter
400 g Risottoreis, vorzugsweise Vialone Nano
1 Glas lieblicher, fruchtiger Weißwein
1,2 l kochend heißer Hühnerfond
120 g Fontina, in Würfel geschnitten
Meersalz und frisch gemahlener schwarzer Pfeffer

Die Zwiebel mit dem Knoblauch bei schwacher Hitze in der Hälfte der Butter dünsten, bis die Zwiebel sehr weich, aber nicht gebräunt ist. Den Reis einrühren und die Temperatur ein wenig heraufschalten, sodass der Reis beim Wenden in Butter und Zwiebel heiß und glasig wird. Keine der Zutaten darf Farbe annehmen.

Den Wein angießen und unter Rühren köcheln lassen, bis der Alkohol verdampft ist und der Reis das Aroma des Weins aufgenommen hat. Dann eine kleine Menge heißen Fond zugeben und ununterbrochen weiterrühren. Erst wenn der Reis die Flüssigkeit absorbiert hat, erneut Fond hinzufügen.

Nachdem die Hälfte des Fonds zugegeben und der Reis halb gar ist, den Käse unterrühren, damit er sich gleichmäßig im Risotto verteilt. Den Reis weitergaren und immer erst dann Flüssigkeit nachgießen, wenn der Reis den Fond aufgesogen hat.

Nach etwa 20 Minuten, wenn der Risotto cremig und samtig, der Reis aber noch bissfest ist, mit Salz und Pfeffer abschmecken. Sicherstellen, dass der gesamte Käse geschmolzen ist, und den Topf von der Kochstelle nehmen. Die restliche Butter unterziehen und den Risotto zugedeckt etwa 2 Minuten ruhen lassen. Nochmals durchrühren, auf einer vorgewärmten Platte anrichten und sofort servieren.

Risotto mit Butter und Parmesan

Risotto alla Parmigiana

Dieser einfache Risotto ist ein ausgezeichnetes Grundrezept für Variationen mit allen möglichen anderen Zugaben. Wer dieses Rezept beherrscht, kann jeden Risotto zubereiten!

FÜR 6 PERSONEN

1 Zwiebel, fein gehackt
75 g Butter
500 g Risottoreis, vorzugsweise Vialone Nano
1,5 l kochend heißer Hühner-, Fleisch- oder kräftiger Gemüsefond
50 g frisch geriebener Parmesan
Meersalz und frisch gemahlener schwarzer Pfeffer

Die Zwiebel bei sehr niedriger Temperatur in der Hälfte der Butter dünsten, bis sie weich, aber nicht gebräunt ist. Den Reis hinzufügen und unter ständigem Rühren glasig werden lassen; auch er darf keine Farbe annehmen. Mit etwas heißem Fond ablöschen und alles gut verrühren.

Dann schöpfkellenweise weiteren Fond angießen und rühren, bis der Reis die Flüssigkeit aufgenommen hat. Erst dann weitere Flüssigkeit nachgießen.

Nach etwa 20 Minuten, wenn der Risotto beinahe fertig gegart und bereits cremig, der Reis aber noch bissfest ist, den Topf von der Kochstelle nehmen und die verbliebene Butter und den Parmesan unterrühren. Mit Salz und Pfeffer abschmecken. Den Deckel auflegen und den Risotto etwa 3 Minuten ruhen lassen. Anschließend auf einer vorgewärmten Platte anrichten und servieren.

Risotto mit Gorgonzola

Risotto al Gorgonzola

Der kräftige Geschmack von gutem, reifem Gorgonzola ist unverkennbar und einfach köstlich. Sollte er Ihnen jedoch zu kräftig sein, können Sie die halbe Menge nehmen oder Dolcelatte verwenden, bei dem es sich um einen etwa sechs Monate jüngeren, milden Gorgonzolatyp handelt, der übrigens ausschließlich für den Export hergestellt wird. Reichen Sie nach diesem Risotto einen Rucolasalat mit Orange, der „gaumenreinigend“ wirkt.

FÜR 4 PERSONEN

1 Zwiebel, gehackt
½ TL sehr fein gehackte getrocknete Salbeiblätter
100 g Butter
400 g Risottoreis
1,2 l kochend heißer Hühner- oder Gemüsefond
100 g reifer Gorgonzola, in Würfel geschnitten
2 EL Kaffeesahne
4 frische Salbeiblätter, sehr fein gehackt
Frisch gemahlener schwarzer Pfeffer und eventuell Meersalz
Einige gebratene Salbeiblätter zum Garnieren
Frisch geriebener Parmesan zum Servieren

Die Zwiebel und die getrockneten Salbeiblätter in der Hälfte der Butter dünsten, bis die Zwiebel sehr weich, aber nicht gebräunt ist. Den Reis zugeben, die Temperatur ein wenig heraufschalten und rühren, bis die Reiskörner von Zwiebel, Salbei und Butter überzogen und glasig sind. Keine der Zutaten darf Farbe annehmen, doch muss der Reis sehr heiß sein, bevor die erste Schöpfkelle Fond angegossen wird.

Mit dem Zufügen des Fonds beginnen und weiterrühren, bis er vom Reis absorbiert ist. Erst dann neue Flüssigkeit angießen. Nachdem die Hälfte des Fonds zugegeben ist, den Käse unterrühren. Beständig weiterrühren, sodass der Käse rasch schmilzt und sich gleichmäßig im Reis verteilt. Den Reis weitergaren und erst dann Fond nachgießen, wenn der Reis die vorhandene Flüssigkeit aufgenommen hat. Das dauert insgesamt etwa 20 Minuten.

Wenn der Risotto cremig und samtig, der Reis aber noch bissfest ist, den Topf von der Kochstelle nehmen und die verbliebene Butter, die Sahne und den frischen Salbei unterrühren. Den Risotto abschmecken. Da der Käse recht salzig ist, reicht es vermutlich, den Reis nur mit etwas Pfeffer zu würzen. Zugedeckt 2 Minuten ruhen lassen. Dann auf einer vorgewärmten Platte anrichten, mit den gebratenen Salbeiblättern garnieren und sofort servieren. Parmesan getrennt dazu reichen.

Risotto mit Ei

Risotto all'Uovo

Von diesem sehr einfachen, nahrhaften und leckeren *risotto casalingo*, Risotto nach Hausmacherart, gibt es mehrere Versionen. Er ruft in mir die Erinnerung an kalte toskanische Abende wach, als die feuchte Kälte jede Ritze im Haus zu durchdringen schien und ich nichts anderes wollte, als mit einer Schüssel heißem Risotto vor dem Kamin zu sitzen. Je nach verwendeter Reissorte muss unter Umständen mehr Flüssigkeit zugegeben oder am Ende der Garzeit etwas Fond vom Risotto abgegossen werden.

FÜR 6 PERSONEN

1,5 l Hühnerfond
500 g Risottoreis
6 frische Eier von frei laufenden Hühnern
120 g frisch geriebener Parmesan
Meersalz und frisch gemahlener schwarzer Pfeffer
2 EL Butter

Den Fond zum Kochen bringen und den Reis zugeben. Umrühren und den Reis etwa 20 Minuten köcheln lassen, bis er *al dente*, also eben gar ist.

Inzwischen die Eier mit dem Parmesan verschlagen und mit Salz und Pfeffer würzen. Eine Servierschüssel sehr sorgfältig mit der Hälfte der Butter einfetten.

Wenn der Reis fertig gegart ist, die Ei-Käse-Mischung hinzufügen und alles gründlich durchheben. Den Reis in die Schüssel füllen und erneut durchrühren. Die verbliebene Butter zugeben und alles nochmals gut durchrühren. Auf einer vorgewärmten Platte anrichten und sofort servieren.

Pikante Reistorte

Torta di Riso Salata

Für dieses Rezept benötigt man einen dieser neumodischen Fertigrisotti, die es in verschiedenen Geschmacksrichtungen gibt. Es handelt sich dabei um industriell zubereitete Risotti, die zu einem vorgegarten Schnellgericht dehydriert werden. All dies mag befremdlich klingen und ich bin die Erste, die sagt, dass wir in diesem Fall nicht von einem echten Risotto sprechen sollten, doch erlauben solche Fertigrisotti eine erheblich schnellere Zubereitung und sind für Rezepte wie dieses recht nützlich. Ich muss auch eingestehen, dass sie durchaus lecker schmecken und weitaus besser sein können als manch frisch zubereiteter Risotto, den man in Restaurants serviert bekommt. Die Reistorte wird gewöhnlich als Hauptgang oder als Bestandteil eines großen Büfetts serviert.

FÜR EINE TORTE VON 25 CM DURCHMESSER

Butter zum Fetten der Form
2 EL Hartweizengrieß
150 g Fertigrisotto mit Tomate oder Spinat
1,25 l kochend heißer Hühnerfond
6 Eier, verschlagen
6 reife süße Tomaten, enthäutet, die Samen entfernt, in Würfel geschnitten
150 frischer Mozzarella, in Würfel geschnitten
75 g frisch geriebener Parmesan
Meersalz und frisch gemahlener schwarzer Pfeffer
2 Tomaten, in dünne Scheiben geschnitten

Den Backofen auf 180 °C (Gasherd Stufe 2–3) vorheizen. Eine hohe runde Backform von 25 cm Durchmesser mit Butter einfetten und großzügig mit Hartweizengrieß ausstreuen.

Den Risottoreis mit zwei Dritteln des Fonds in einen Topf geben und etwa 5 Minuten garen, bis er eben weich wird. Von der Kochstelle nehmen, den restlichen Fond unterrühren und das Ganze etwas abkühlen lassen.

Dann die Eier, die gewürfelten Tomaten, den Mozzarella und den Parmesan hinzufügen. Mit Salz und Pfeffer abschmecken und in die vorbereitete Backform füllen. Mit den Tomatenscheiben belegen und auf der mittleren Schiene etwa 30 Minuten backen, bis an einem Messer, das in der Mitte hineingestochen wird, keine Reismasse mehr haften bleibt.

Die Torte aus der Backform nehmen und warm servieren. Wer befürchtet, dass die Reistorte beim Herausnehmen Schaden nimmt, kann sie auch direkt aus der Form servieren.

2 Gemüse

Viele der zahllosen Rezepte für Gemüserisotti lassen sich am besten im Sommer zubereiten, da die Auswahl an Gemüsen zu dieser Jahreszeit besonders groß ist. Dies bedeutet jedoch nicht, dass ich Herbst- und Wintergemüse wie Kürbis, Kohl, Kardone, Kartoffeln, Mangold und Spinat aus meiner Sammlung ausgeschlossen hätte. Aufgeführt sind vielmehr die Rezepte mit all jenen Gemüsesorten, die meines Erachtens besonders gut zur Art eines Risotto passen. Mit anderen Worten, die Rezepte, die ich am liebsten mag.

Zu den Dingen, die mir – vor allem in Italien – beim Einkaufen auf dem Markt am besten gefallen, gehört, dass man durch die phantastische Auswahl an Gemüse und Obst zu den herrlichsten Gerichten inspiriert wird. Niemals gehe ich auf einen Markt in der Absicht, etwas Bestimmtes zu kaufen. Ich bin dort, um mich von den Farben und Gerüchen, dem Aussehen und den Aromen der angebotenen Produkte zum Kauf verführen zu lassen.

Versuchen Sie, bei den Einkäufen für ein Risotto nach dieser Philosophie vorzugehen: Nehmen Sie die Gemüse, die Sie am meisten verlocken und inspirieren, und stellen Sie auf dieser Basis Ihren Risotto zusammen.

Findet sich das von Ihnen gewählte Gemüse nicht in der hier vorgestellten Rezeptsammlung, können Sie einfach ein ähnliches Rezept entsprechend verändern. So habe ich beispielsweise keinen Risotto mit Pastinaken aufgeführt, weiß aber, dass er gut schmeckt. Nehmen Sie also in diesem Fall das Kartoffelrezept (Seite 63) und ersetzen Sie die Kartoffeln durch Pastinaken. Das gleiche Rezept eignet sich auch für Bataten (der Risotto hat dann allerdings einen süßlichen Geschmack) und sogar für Topinambur.

Risotto mit Artischocken

Risotto ai Carciofi

Zwar werden Artischocken zumeist lediglich in Begleitung von Saucen, Dips und Vinaigrettes gereicht, doch harmoniert das delikate Gemüse hervorragend mit diesem würzigen Reisgericht.

FÜR 4 PERSONEN

8 große frische Artischocken
1 Zitrone, in Viertel geschnitten
1 kleine Zwiebel, fein gehackt
75 g luftgetrockneter Schinken, fein gehackt
Eine Hand voll frische glatte Petersilie, fein gehackt
75 g Butter
1 Glas trockener Weißwein
Meersalz und frisch gemahlener schwarzer Pfeffer
400 g Arborioreis
1,2 l kochend heißer Hühner- oder Gemüsefond
50 g frisch geriebener Parmesan

Von den Artischocken die äußeren Blätter entfernen und wegwerfen sowie das obere Drittel abschneiden. Die Artischocken halbieren und in Viertel schneiden. Die Schnittflächen sorgfältig mit den Zitronenstücken abreiben, da sie sich sonst verfärben. Das faserige Heu in der Mitte entfernen. Die Artischocken in dünne Streifen schneiden und diese zusammen mit den Zitronenvierteln bis zur Verwendung in eine Schüssel mit kaltem Wasser legen.

Die Zwiebel zusammen mit dem Schinken und der Petersilie in der Hälfte der Butter dünsten, bis sie weich, aber nicht gebräunt ist. Die Artischocken gut abtropfen lassen und in einem Küchentuch trocknen. Zu den Zwiebeln geben, alles durchrühren und etwa 10 Minuten garen, bis die Artischocken weich sind; zwischenzeitlich immer wieder mit etwas Wein begießen. Mit Salz und Pfeffer würzen.

Den Reis zugeben und rühren, bis er glasig und sehr heiß ist. Die erste Schöpfkelle heißen Fond angießen und rühren, bis der Reis die Flüssigkeit aufgenommen hat, dann die nächste Schöpfkelle Fond hinzufügen. So fortfahren und den Reis weiter unter Rühren garen und dabei schöpfkellenweise Flüssigkeit zugeben.

Nach etwa 20 Minuten, wenn der Risotto cremig, der Reis aber noch bissfest ist, den Topf von der Kochstelle nehmen und die restliche Butter und den Parmesan unterrühren. Den Risotto mit Salz und Pfeffer abschmecken und dann mit aufgelegtem Deckel etwa 3 Minuten ruhen lassen. Auf einer vorgewärmten Platte anrichten und sofort servieren.

Risotto mit grünem Spargel

Risotto d'Asparagi

Sobald ich auf dem Markt den ersten frischen Spargel entdecke, hat für mich der Sommer begonnen. Ein perfektes Paar: der weiche weiße, cremige Reis mit den zarten grünen, würzigen Spargelstücken!

FÜR 6 PERSONEN

500 g frischer grüner Spargel
Meersalz
2 große Schalotten, gehackt
75 g Butter
500 g Risottoreis
1,5 l kochend heißer Hühner- oder Gemüsefond
50 g frisch geriebener Parmesan
1 EL gehackte frische Petersilie
Frisch gemahlener schwarzer Pfeffer

Die Spargelstangen waschen und holzige Enden abschneiden. In einem Topf reichlich Wasser mit einer großen Prise Salz zum Kochen bringen. Den Spargel hineingeben und etwa 6 Minuten kochen, bis er eben gar ist. Abgießen, das Kochwasser dabei auffangen und den Spargel abkühlen lassen. Den Spargel in kleine Stücke schneiden, die Köpfe jedoch ganz belassen. Sehr harte Endstücke schälen. Das Spargelwasser wieder erhitzen.

Die Schalotten in der Hälfte der Butter etwa 5 Minuten dünsten, bis sie weich und glasig sind. Den Reis zugeben und rühren, bis er heiß und ebenfalls glasig ist. Dann die erste Schöpfkelle heißes Spargelwasser angießen. Rühren, bis der Reis die Flüssigkeit aufgenommen hat, dann die nächste Schöpfkelle Spargelwasser zugeben. Stets nur kleine Mengen Flüssigkeit nachgießen und vor der nächsten Zugabe warten, bis der Reis die Flüssigkeit absorbiert hat. Ist das Spargelwasser aufgebraucht, schöpfkellenweise den heißen Fond hinzufügen.

Den Reis auf diese Weise etwa 20 Minuten garen. Am Ende der Garzeit die Spargelstücke unterrühren, damit sie heiß werden.

Wenn der Risotto cremig und samtig, der Reis gut gequollen, aber noch bissfest ist, die restliche Butter, den Parmesan und die Petersilie unterrühren und den Risotto mit Pfeffer abschmecken. Den Topf von der Kochstelle nehmen und den Risotto mit aufgelegtem Deckel etwa 3 Minuten ruhen lassen. Dann auf einer vorgewärmten Platte anrichten und sofort servieren.

Risotto mit Aubergine

Risotto di Melanzane

Bei diesem Rezept ist zu beachten, dass die Auberginen vor der Zubereitung des Risotto 45 Minuten abtropfen müssen. Zum Servieren garniere ich den Risotto gerne mit einigen in Mehl gewendeten und gebratenen Auberginenscheiben.

FÜR 4–6 PERSONEN

400 g Auberginen
Meersalz
1 Zwiebel, gehackt
3 Knoblauchzehen, fein gehackt
Eine Hand voll frische glatte Petersilie, fein gehackt
5 EL natives Olivenöl extra
Frisch gemahlener schwarzer Pfeffer
1,5 l kochend heißer Hühner- oder Gemüsefond
500 g Risottoreis
1 Prise getrockneter Oregano
2 EL frisch geriebener Pecorino
2 EL frischer Ricotta

Die Auberginen in Würfel schneiden und in einen Durchschlag geben. Großzügig mit Meersalz bestreuen und einen Teller, der in den Durchschlag passt, auf das Gemüse legen. Den Teller beschweren und den Durchschlag für etwa 45 Minuten in das Spülbecken stellen, damit die Auberginen abtropfen können; das Salz entzieht ihnen die Bitterstoffe. Die Auberginen dann gründlich abspülen und in einem sauberen Küchentuch trocknen.

Die Zwiebel, den Knoblauch und die Petersilie im Öl dünsten, bis die Zwiebel weich, aber nicht gebräunt ist. Die Auberginenstücke hinzufügen und einige Minuten andünsten. Mit Pfeffer würzen und noch etwa 10 Minuten garen, bis die Auberginen weich sind; von Zeit zu Zeit mit etwas Fond begießen, damit das Gemüse feucht bleibt.

Den Reis zugeben und rühren, bis er heiß und glasig, aber noch nicht gebräunt ist. Schöpfkellenweise heißen Fond angießen und jeweils rühren, bis der Reis die Flüssigkeit aufgenommen hat. Den Reis auf diese Weise unter ständigem Rühren etwa 20 Minuten garen und dabei nach und nach den Fond zugeben.

Wenn der Reis gar, aber noch bissfest und der Risotto cremig ist, den Topf von der Kochstelle nehmen. Den Oregano, den Pecorino und den Ricotta hinzufügen und alles gründlich durchrühren. Den Deckel auflegen und den Risotto 1 Minute ruhen lassen. Auf einer vorgewärmten Platte anrichten und sofort servieren.

Risotto mit Bohnen und Kohl

Risotto Valtellinese

Dieser gehaltvolle Risotto spiegelt die Essgewohnheiten der an Minustemperaturen gewöhnten norditalienischen Bergbewohner wider. Er ist nicht nur ein köstliches, sondern auch ein überaus sättigendes Gericht.

FÜR 4 PERSONEN

300 g frische Borlottibohnen oder getrocknete, über Nacht in kaltem Wasser eingeweicht
300 g Wirsing- oder Grünkohlblätter
400 g Risottoreis
Meersalz und frisch gemahlener schwarzer Pfeffer
75 g frisch geriebener Parmesan
5 frische Salbeiblätter, fein gehackt
2 EL Butter

Falls getrocknete Bohnen verwendet werden, das Einweichwasser abgießen und die Bohnen abspülen. Frische Bohnen enthülsen, die Kerne in einen Topf geben und mit reichlich kaltem Wasser bedecken. Das Wasser zum Kochen bringen und 5 Minuten sprudelnd kochen lassen. Dann die Bohnen abgießen und abspülen. Erneut mit frischem Wasser aufsetzen und die Bohnen garen, bis sie weich sind; bei frischen Bohnen dauert dies 20–30 Minuten, bei getrockneten 45–60 Minuten. Die fertig gegarten Bohnen abtropfen lassen, das Kochwasser weggießen.

In einem zweiten Topf etwa 1,5 l gesalzenes Wasser zum Kochen bringen und die Kohlblätter darin 1 Minute blanchieren. Herausnehmen, gut abtropfen lassen und fein hacken.

Den Reis in das kochende Wasser geben, dann den Kohl unterrühren. Mit Salz und Pfeffer würzen und etwa 20 Minuten köcheln lassen, bis der Reis gar, aber noch bissfest ist und das Wasser absorbiert hat. Die Bohnen unterrühren und heiß werden lassen, dann den Topf von der Kochstelle nehmen.

Den Parmesan, den Salbei und die Butter unterrühren und mit Salz und Pfeffer abschmecken. Im geschlossenen Topf 2 Minuten ruhen lassen, dann noch einmal durchrühren. Zum Servieren in einer vorgewärmten Schüssel anrichten.

Risotto mit Roten Beten

Risotto di Rape Rosse

Das Bemerkenswerte an diesem Risotto ist seine blauviolette Farbe. Verwenden Sie jedoch nur Rote Beten, die in Wasser – nicht in Essig – gegart wurden. Und kochen Sie sie nicht zu lange, da sie sonst blass und ungleichmäßig in der Farbe werden.

FÜR 4–6 PERSONEN

1 große Zwiebel, fein gehackt
75 g Butter
500 g gekochte Rote Beten, geschält und in Würfel geschnitten
500 g Arborioreis
1/2 Glas trockener Wermut
1,5 l kochend heißer Hühner- oder heller Entenfond
Meersalz und frisch gemahlener schwarzer Pfeffer
3 EL fein geschnittener Schnittlauch
3 EL fein gehackte frische glatte Petersilie
75 g frisch geriebener Parmesan

Die Zwiebel in der Hälfte der Butter dünsten, bis sie weich, aber noch nicht gebräunt ist. Die Roten Beten unterrühren und einige Minuten garen, bis sie recht weich werden.

Den Reis hinzufügen und rühren, bis er heiß ist und glänzt. Mit dem Wermut ablöschen und 1 Minute kochen lassen, damit der Alkohol verdampft. Den Fond schöpfkellenweise angießen und jeweils warten, bis er vom Reis absorbiert ist, bevor weitere Flüssigkeit zugegeben wird. Nachdem die Hälfte des Fonds zugefügt ist, mit Salz und Pfeffer würzen und den Risotto weitergaren.

Nach etwa 20 Minuten, wenn der Reis gar, aber noch bissfest und der Risotto cremig ist, den Topf von der Kochstelle nehmen. Die restliche Butter, den größten Teil der Kräuter und den Parmesan unterrühren. Mit aufgelegtem Deckel 2–3 Minuten ruhen lassen. Dann auf einer vorgewärmten Platte anrichten, mit den verbliebenen Kräutern bestreuen und sofort noch sehr heiß servieren.

Risotto mit Kardone

Risotto ai Cardi

Ich glaube, die Kardone gehört zu meinen drei Lieblingsgemüsen, und ich vermisse sie sehr, denn in Italien konnte ich sie den ganzen Winter über problemlos kaufen. Für dieses Rezept benötigt man nur eine kleine Menge Kardone, doch muss sie so weiß wie möglich sein, was heißt, dass sie starkem Frost ausgesetzt war. Dann wird es ein richtiger Spitzenrisotto! Durch ein anderes Gemüse lässt sich die Kardone eigentlich nicht ersetzen, doch ist sie wirklich nicht erhältlich, kommt ihr pochierter Bleichsellerie noch am nächsten.

FÜR 4–6 PERSONEN

2 weiße, zarte Stangen Kardone
Saft von 1 Zitrone
4 EL Kaffeesahne
Meersalz und frisch gemahlener schwarzer Pfeffer
75 g Butter
1 Zwiebel, gehackt
400 g Risottoreis
1 Glas trockener Sherry
1 Glas trockener Weißwein
1,2 l kochend heißer Hühnerfond
4 EL frisch geriebener Parmesan
Frisch geriebener Parmesan zum Servieren

Die Kardone in Stücke schneiden und sofort in einen Topf mit kaltem Wasser und Zitronensaft geben, damit sie sich nicht verfärbt. Das Zitronenwasser gleich wieder abgießen und das Gemüse mit frischem Wasser bedecken. Zum Kochen bringen und das Gemüse in etwa 20 Minuten weich garen. Abgießen, abspülen und die eine Hälfte in Würfel schneiden. Den Rest mit der Sahne im Mixer glatt pürieren. Mit Salz und Pfeffer würzen und beiseite stellen. Die Kardonewürfel in einem Drittel der Butter goldgelb braten. Beiseite stellen.

Die Zwiebel in der Hälfte der verbliebenen Butter dünsten, bis sie weich, aber nicht gebräunt ist. Den Reis hinzufügen und rühren, bis die Körner heiß und glasig sind. Mit dem Sherry ablöschen und alles etwa 2 Minuten köcheln lassen. Dann den Wein angießen und weiterrühren. Anschließend unter ständigem Rühren mit dem Zugießen des heißen Fonds beginnen und jeweils warten, bis der Reis die Flüssigkeit aufgenommen hat, bevor weiterer Fond zugegeben wird. Nach etwa 20 Minuten, wenn der Risotto cremig und samtig, der Reis aber noch bissfest ist, das Kardonepüree unterziehen, die Kardonewürfel hinzufügen und heiß werden lassen. Mit Salz und Pfeffer abschmecken und den Topf von der Kochstelle nehmen. Die restliche Butter und den Parmesan unterrühren. Den Deckel auflegen und den Risotto 2 Minuten ruhen lassen. Auf einer vorgewärmten Platte anrichten und sofort servieren. Frisch geriebenen Parmesan getrennt dazu reichen.

Risotto mit Möhre und Orange

Risotto Arancione

Was mir an diesem Risotto am besten gefällt, ist seine schöne orangerote Farbe. Nehmen Sie unbedingt gute, saftige Orangen und nach Möglichkeit Möhren aus biologischem Anbau, die einfach besser schmecken als alle anderen. Als geschmackliches Pendant sollte man nach dem Risotto einen Brunnenkressesalat reichen.

FÜR 4 PERSONEN

1 kleine Zwiebel, fein gehackt
2 Möhren, sehr fein gehackt
100 g Butter
400 g Risottoreis
1 Glas sehr trockener Weißwein
1,2 l kochend heißer Hühner- oder Gemüsefond
Saft und abgeriebene Schale von 2 unbehandelten Orangen
Saft von 1/2 Zitrone
1 Möhre, gekocht und zerdrückt
Meersalz und frisch gemahlener schwarzer Pfeffer
3 EL frisch geriebener Parmesan
Einige Blättchen frische Minze, fein gehackt

Die Zwiebel und die rohen Möhren in der Hälfte der Butter dünsten, bis sie sehr weich sind. Den Reis hinzufügen und rühren, bis er heiß, aber noch nicht gebräunt ist. Mit dem Wein ablöschen und rühren, bis der Reis die gesamte Flüssigkeit aufgenommen hat und der Alkohol verdampft ist.

Nun die erste Schöpfkelle heißen Fond angießen und wiederum rühren, bis der Reis die Flüssigkeit absorbiert hat. So fortfahren, bis die Hälfte des Fonds zugegeben ist. Dann den Saft und die Schale der Orangen, den Zitronensaft und die zerdrückte Möhre unterrühren. Mit Salz und Pfeffer abschmecken und den Reis weitergaren wie zuvor.

Nach etwa 20 Minuten, wenn der Risotto samtig glatt, der Reis aber noch bissfest ist, den Topf von der Kochstelle nehmen und die restliche Butter und den Parmesan unterrühren. Den Deckel auflegen und den Risotto 2 Minuten ruhen lassen. Dann auf einer vorgewärmten Platte anrichten und zum Servieren mit der Minze bestreuen.

Risotto mit Zucchini und Blüten

Risotto con Zucchine e Fiori

Dieser Risotto sieht wundervoll aus, wenn man ihn zum Servieren mit einigen frittierten Zucchiniblüten oder -scheiben (Seite 60) anrichtet. Der knusprige, goldbraune Ausbackteig ist ein schöner geschmacklicher und farblicher Kontrast zu dem glatten, cremigen Risotto und seinem angenehm süßen Aroma.

FÜR 6 PERSONEN

5 EL Olivenöl
7 junge zarte Zucchini, nach Möglichkeit mit ihren Blüten, in sehr dünne Scheiben geschnitten
500 g Risottoreis
Meersalz und frisch gemahlener schwarzer Pfeffer
1,5 l kochend heißer Gemüse- oder Hühnerfond
25 g Butter
50 g frisch geriebener Parmesan

In einer großen hohen Pfanne oder einem breiten Topf das Öl erhitzen und die Zucchinischeiben und die Blüten darin etwa 5 Minuten dünsten, bis sie weich sind. Den Reis hinzufügen und rühren, bis er von Öl überzogen sowie durch und durch heiß und glasig ist.

Mit Salz und Pfeffer würzen und unter ständigem Rühren mit der Zugabe des heißen Fonds beginnen. Niemals mehr als eine Schöpfkelle Flüssigkeit angießen und immer erst dann weiteren Fond zugeben, wenn der Reis die Flüssigkeit vollständig absorbiert hat. Je nach Reisqualität benötigt man unter Umständen etwas weniger Fond als oben angegeben.

Wenn der Risotto nach etwa 20 Minuten cremig und samtig, der Reis aber noch bissfest ist, den Topf oder die Pfanne von der Kochstelle nehmen. Den Risotto kräftig mit Salz und Pfeffer würzen, die Butter und den Parmesan unterrühren und das Ganze mit aufgelegtem Deckel 2 Minuten ruhen lassen. Auf einer vorgewärmten Platte anrichten, sofort servieren.

Frittierte Zucchiniblüten

Fiori di Zucchini Fritti

Frittierte Zucchiniblüten kann man als Antipasto reichen und zum Garnieren von Pasta- oder Risottogerichten verwenden. Eine pikante Note bekommen sie, wenn man ein kleines Stück Sardellenfilet zu den Mozzarellawürfeln gibt. Mild und angenehm süß schmecken die Blüten, wenn sie mit Ricotta gefüllt werden. Vorteilhaft ist es, wenn die Zucchiniblüten noch einen verhältnismäßig langen Stiel haben. Der Ausbackteig eignet sich auch zum Frittieren von Zucchinischeiben.

FÜR ETWA 12 ZUCCHINIBLÜTEN

100 g Mozzarella, in Würfel geschnitten
12 Zucchiniblüten, die Stempel entfernt, abgespült und behutsam trockengetupft
1 Ei, getrennt, das Eiweiß kalt gestellt
40 g Mehl
120 ml Milch oder Milch und Wasser
500 ml Sonnenblumenöl
Meersalz

Die Mozzarellawürfel in gleichen Portionen in die Zucchiniblüten füllen. Das Eigelb, das Mehl und die Milch oder die Milch-Wasser-Mischung zu einem glatten Teig verschlagen. Das Eiweiß steif schlagen und unterheben.

Die Zucchiniblüten an den Stielen fassen und in den Ausbackteig tauchen, um sie gleichmäßig damit zu überziehen. Den Teig wie eine Art Kleber verwenden, damit die Blütenblätter zusammenhalten und die Mozzarellawürfel nicht herausfallen.

Das Öl in einem hohen breiten Topf erhitzen, bis ein Stück Brot, wenn man es hineingibt, sofort kräftig zu brutzeln beginnt. Die Zucchiniblüten vorsichtig in das heiße Öl gleiten lassen und unter häufigem Wenden knusprig und goldbraun frittieren. Ist das Öl ausreichend heiß, dauert dies etwa 4 Minuten. Die Zucchiniblüten auf Küchenkrepp gut abtropfen lassen, mit etwas Salz bestreuen und sofort servieren.

Risotto mit Fenchel

Risotto di Finocchi

Diesen Risotto bereite ich mit einem Schuss Anisschnaps zu, um das Aroma des Fenchels zu betonen. Sollten Sie ein weniger kräftiges Anisaroma bevorzugen, lassen Sie den Schnaps einfach weg. Für eine interessante geschmackliche Note sorgen auch einige Esslöffel Limonenlikör (Limoncello). In Italien unterscheidet man männlichen und weiblichen Fenchel. Die weiblichen Knollen sind weißer und dicker, haben glatte, abgerundete Basen und man hält sie allgemein für besser als männlichen Fenchel. Die Unterscheidung ist jedoch eine Kunst, die ich selbst noch heute nur unter Anleitung meiner überaus geduldigen Familie beherrsche ...

FÜR 4 PERSONEN

500 g Gemüsefenchel
1 Zwiebel, fein gehackt
75 g Butter
500 g Arborioreis
2–3 EL trockener Anisschaps (nach Belieben)
Meersalz und frisch gemahlener schwarzer Pfeffer
1,5 l kochend heißer Hühner- oder Gemüsefond
75 g frisch geriebener Parmesan

Vom Fenchel alle harten äußeren Blätter entfernen und das Grün abschneiden, sodass lediglich die zarten, weißen Fenchelherzen zurückbleiben. Die Fenchelherzen in dünne, gleichmäßige Streifen schneiden.

Den Fenchel und die Zwiebel in der Hälfte der Butter etwa 5 Minuten dünsten, bis der Fenchel weich ist. Den Reis hinzufügen und rühren, bis er durch und durch heiß ist und glänzt. Falls verwendet, den Schnaps angießen und weiterrühren. Kräftig mit Salz und Pfeffer würzen.

Dann mit der Zugabe des Fonds beginnen und jeweils warten, bis er vom Reis absorbiert ist, bevor die nächste Schöpfkelle Flüssigkeit hinzugefügt wird. Den Reis auf diese Weise unter ständigem Rühren garen, bis er nach etwa 20 Minuten gar, aber noch bissfest und der Risotto cremig ist.

Die restliche Butter und den Parmesan unterrühren. Den Deckel auflegen, den Topf von der Kochstelle nehmen und den Risotto etwa 2 Minuten ruhen lassen. Nochmals durchrühren und anschließend zum Servieren auf einer vorgewärmten Platte anrichten.

Risotto mit gerösteter Paprika

Risotto ai Peperoni Arrosto

Dieses Gericht zeichnet sich geschmacklich durch das herrlich süße Aroma der gerösteten Paprika und optisch durch deren leuchtende Farbe aus. Aus diesen beiden Gründen eignen sich gelbe oder rote Paprikaschoten besser als grüne, da Letztere bitter werden können und beim Garen ihre Farbe verlieren.

FÜR 6 PERSONEN

3 saftige rote oder gelbe Paprikaschoten
1 Zwiebel, fein gehackt
1–2 Knoblauchzehen, zerdrückt
75 g Butter
500 g Risottoreis
1,5 l kochend heißer Gemüse- oder Hühnerfond
Meersalz und frisch gemahlener schwarzer Pfeffer
75 g frisch geriebener Parmesan

Den Grill auf mittlerer Stufe vorheizen.

Die Paprikaschoten unter häufigem Wenden grillen, bis ihre Haut fast schwarz ist. Dann sofort in Klarsichtfolie wickeln und etwa 10 Minuten liegen lassen. Die Paprika anschließend unter fließendes kaltes Wasser halten und die Haut mit einem sauberen neuen Scheuerschwamm abreiben. Das Fruchtfleisch hat nach dem Entfernen der Haut eine bräunliche Farbe, was aber so sein muss. Die Paprikaschoten halbieren, Samen und Scheidewände vollständig entfernen und das Fruchtfleisch in feine Streifen schneiden. Beiseite stellen.

Die Zwiebel und den Knoblauch in einem großen schweren Topf in der Butter dünsten, bis die Zwiebel weich und glasig ist. Die Paprikastreifen hinzufügen und bei schwacher Hitze etwa 5 Minuten unter behutsamem Rühren garen. Den Reis zugeben und rühren, bis er glasig ist. Dann die erste Schöpfkelle heißen Fond angießen und unterrühren.

Während der folgenden 20 Minuten nach und nach den Fond in kleinen Mengen angießen und rühren, bis der Reis gut gequollen und gar ist. Mit Salz und Pfeffer abschmecken und den Parmesan hinzufügen. Den Topf von der Kochstelle nehmen, den Deckel auflegen und den Risotto etwa 3 Minuten ruhen lassen. Dann zum Servieren auf einer vorgewärmten Platte anrichten.

Risotto mit Kartoffeln

Risotto di Patate

Ist italienische Pancetta nicht erhältlich, kann man stattdessen durchwachsenen Frühstücksspeck bester Qualität verwenden, auch wenn dieser geschmacklich nicht ganz an Pancetta heranreicht.

FÜR 4–6 PERSONEN

120 g Pancetta (italienischer durchwachsener Bauchspeck), in kleine Stücke geschnitten
1 große Zwiebel, gehackt
Eine Hand voll frische glatte Petersilie, gehackt
1 EL fein gehackte frische Rosmarinblättchen
300 g Kartoffeln, geschält und in Würfel geschnitten
1,5 l kochend heißer Rinder- oder Wildfond
400 g Arborioreis
Meersalz und frisch gemahlener schwarzer Pfeffer
50 g Butter
50 g Greyerzer, in feine Würfel geschnitten
75 g frisch geriebener Parmesan

Die Pancetta mit der Zwiebel, der Petersilie und dem Rosmarin behutsam braten, bis die Zwiebel weich, aber nicht gebräunt ist. Die Kartoffeln hinzufügen und unterrühren. 1–2 Esslöffel Fond zugeben, damit die Zutaten nicht anbrennen, und die Kartoffeln etwa 5 Minuten garen, bis sie nicht mehr roh aussehen.

Den Reis hinzufügen und rühren, bis die Körner glänzen und glasig sind. Die erste Schöpfkelle heißen Fond angießen, rühren und warten, bis sie vom Reis absorbiert ist. Dann erneut eine Schöpfkelle Fond zugeben. Den Reis in dieser Weise weitergaren, bis der Risotto nach etwa 20 Minuten cremig und glatt, der Reis aber noch bissfest ist.

Von der Kochstelle nehmen und mit Salz und Pfeffer würzen. Die Butter und den gesamten Käse unterrühren. Den Deckel auflegen und den Risotto 3 Minuten ruhen lassen. Nochmals kräftig durchrühren und darauf achten, dass der Käse geschmolzen ist und Fäden zieht. Den Risotto auf einer vorgewärmten Platte anrichten und sofort servieren.

Risotto mit Kürbis

Risotto alla Zucca

Kürbisrezepte haben vor allem in der Stadt Mantua Tradition, wo man Suppen, süße und pikante Kuchen, Ravioli, Gnocchi und diesen wundervollen orangefarbenen, cremigen Risotto mit Kürbis zubereitet. Inzwischen bekommt man nicht mehr nur in Italien bei Gemüsehändlern auch einzelne Stücke Kürbis, sodass man nie mehr kaufen muss, als man gerade benötigt – eine sehr vernünftige Idee.

FÜR 4 PERSONEN

75 g dick geschnittene Pancetta (italienischer durchwachsener Bauchspeck) oder Frühstücksspeck bester Qualität, in Würfel geschnitten
1 Zwiebel, gehackt
500 g Kürbis, geschält, die Samen entfernt, gehackt
400 g Risottoreis
1,2 l kochend heißer Gemüse- oder Hühnerfond
Meersalz und frisch gemahlener schwarzer Pfeffer
Eine Hand voll frische glatte Petersilie, fein gehackt
25 g Butter
4 EL frisch geriebener Parmesan

Die Pancetta- oder Speckwürfel in einer großen schweren Pfanne erhitzen, um das Fett auszulassen. Dann die Zwiebel hinzufügen und dünsten, bis sie weich, aber nicht gebräunt ist. Das Kürbisfleisch zugeben und etwa 10 Minuten mit der Zwiebel und der Pancetta garen, bis es weich und musig ist.

Den Reis hinzufügen und unter Rühren erhitzen, bis er glasig ist, ohne dass er Farbe annimmt. Dann die erste Schöpfkelle heißen Fond angießen, rühren und warten, bis der Reis die Flüssigkeit aufgenommen hat. Weiteren Fond zugeben, mit Salz und Pfeffer würzen und, wenn der Reis die Flüssigkeit absorbiert hat, eine weitere Schöpfkelle Fond angießen. Den Reis in dieser Weise weitergaren, bis er nach etwa 20 Minuten weich und gut gequollen ist.

Die Petersilie, die Butter und den Parmesan unterrühren, den Topf von der Kochstelle nehmen und den Deckel auflegen. Den Risotto 3 Minuten ruhen lassen, dann auf einer vorgewärmten Platte anrichten und sofort servieren.

Risotto mit Radicchio

Risotto al Radicchio

Am besten ist es, wenn man für dieses Rezept den länglichen *radicchio di Treviso* verwendet, da er ein weitaus besseres Aroma hat als die beiden anderen Radicchiosorten, die gedrungener und kleiner sind. Eine gute Alternative ist Chicorée. Gekochter Radicchio schmeckt recht bitter, sodass der Rotwein – als geschmackliches Pendant – nicht allzu trocken sein sollte.

FÜR 4 PERSONEN

1 Zwiebel, fein gehackt
75 g Butter
2 EL fruchtiges Olivenöl
400 g Arborioreis
1 Glas Rotwein (nicht zu trocken)
400 g Radicchio, gewaschen, in der Salatschleuder getrocknet und in feine Streifen geschnitten
Meersalz und frisch gemahlener schwarzer Pfeffer
1,5 l kochend heißer Hühner- oder Gemüsefond
1 TL frische Rosmarinblättchen, fein gehackt
2 EL fein gehackte frische glatte Petersilie
50 g frisch geriebener Parmesan

Die Zwiebel in der Hälfte der Butter und dem Öl dünsten, bis sie weich und glasig ist. Den Reis zugeben und rühren, damit er von Öl, Butter und Zwiebel überzogen wird. Weiterrühren, bis der Reis heiß ist. Mit dem Wein ablöschen und alles 1 Minute gründlich durchrühren.

Den Radicchio hinzufügen, gut untermischen und mit Salz und Pfeffer würzen. Die erste Schöpfkelle heißen Fond angießen, rühren und warten, bis der Reis die Flüssigkeit absorbiert hat. Dann erst die nächste Schöpfkelle Fond hinzufügen. Den Reis in dieser Weise weitergaren. Den Rosmarin zugeben und, wenn der Reis nach etwa 20 Minuten gar, aber noch bissfest und der Risotto cremig ist, den Topf von der Kochstelle nehmen.

Die verbliebene Butter, die Petersilie und den Parmesan unterrühren. Den Deckel auflegen und den Risotto 2 Minuten ruhen lassen. Dann nochmals durchrühren und auf einer vorgewärmten Platte anrichten. Sofort servieren.

Risotto mit Wirsing

Risotto di Verze

Dieses Rezept schmeckt fast wie aus Großmutters Zeiten und wird durch den markanten Geschmack von Kümmel abgerundet. Es stammt aus dem Friaul, wo man gerne mit Kümmel kocht. Der Risotto kann auf den äußeren Blättern des Wirsings angerichtet werden, die man zuvor kurz blanchiert. Besonders ansprechend sieht es aus, wenn der Risotto auf blanchierten Rotkohlblättern serviert wird.

FÜR 6–8 PERSONEN

1 Zwiebel, fein gehackt
75 g Butter oder Schweineschmalz
700 g Risottoreis
2 Glas trockener Weißwein, etwa Soave
2,5 l kochend heißer Hühner- oder Gemüsefond
400 g Wirsing, in feine Streifen geschnitten
1 TL Kümmel (nach Belieben)
120 g frisch geriebener Parmesan
Meersalz und frisch gemahlener schwarzer Pfeffer

Die Zwiebel in der Butter oder dem Schweineschmalz weich dünsten. Den Reis hinzufügen und rühren, bis die Körner sehr heiß und glasig, aber noch nicht gebräunt sind. Mit dem Wein ablöschen und alles gut verrühren. Unter ständigem Rühren nach und nach schöpfkellenweise den heißen Fond angießen.

Nach 10 Minuten den Wirsing zugeben, gründlich untermischen und den Reis wie beschrieben weitergaren, bis er weich ist. Falls verwendet, den Kümmel unterrühren. Die Hälfte des Parmesan hinzufügen und mit Salz und Pfeffer abschmecken.

Nochmals durchrühren, den Deckel auflegen und den Risotto etwa 3 Minuten ruhen lassen. In einer vorgewärmten Servierschüssel oder auf vorgewärmten Portionstellern anrichten, mit dem verbliebenen Parmesan bestreuen und servieren.

Risotto mit Spinat und Walnüssen

Risotto di Spinaci con le Noci

Luganega ist eine dünne, spiralförmig aufgerollte italienische Schweinswurst. Sie ist recht grob und hat einen kräftigen Geschmack. Ersatzweise kann man auch jede andere rohe italienische Bratwurst oder die halbe Menge fein gehackte Pancetta nehmen.

FÜR 4 PERSONEN

600 g frischer Spinat, gründlich gewaschen
75 g Butter
150 g Luganega oder andere italienische Bratwurst, der Wurstdarm entfernt, zerkrümelt
1 Zwiebel, fein gehackt
400 g Arborioreis
1 Glas trockener Weißwein
1,5 l kochend heißer Rinder- oder Hühnerfond
Meersalz und frisch gemahlener schwarzer Pfeffer
40 g Walnüsse, fein gehackt
75 g frisch geriebener Parmesan

Den Spinat einige Minuten dämpfen, bis er weich ist. Gut abtropfen lassen, die Flüssigkeit ausdrücken und dann fein hacken.

Die Hälfte der Butter zerlassen und das Wurstbrät und die Zwiebel darin garen, bis die Zwiebel weich und glasig ist. Den Reis hinzufügen und einige Minuten rühren, bis die Reiskörner glasig und durch und durch heiß sind. Mit dem Wein ablöschen. Dann die erste Schöpfkelle heißen Fond angießen, rühren und warten, bis der Reis die Flüssigkeit aufgenommen hat. Erst dann weiteren Fond zugeben. Den Reis auf diese Weise garen, bis er nach etwa 10 Minuten halb gar ist.

Dann den Spinat unterrühren und mit Salz und Pfeffer abschmecken. Den Reis wie beschrieben weitergaren, bis der Risotto weich und cremig, die Körner aber noch bissfest sind. Den Topf von der Kochstelle nehmen und die verbliebene Butter, die Walnüsse und den Parmesan unterrühren. Den Deckel auflegen und den Risotto 2–3 Minuten ruhen lassen. Dann sofort auf einer vorgewärmten Platte servieren.

Risotto mit Mangold

Risotto di Bieta

Kaufen Sie für dieses Rezept unbedingt Mangold mit zarten Stielen und Blättern. Da dieses phantastische Gemüse außerhalb von Italien erst langsam auf den Markt kommt und nicht immer erhältlich ist, kann man stattdessen auch Paksoi verwenden, der aus Asien stammt. Dies ist einer jener Risotti, die wirklich kochend heiß serviert werden müssen.

FÜR 4 PERSONEN

1 große milde Zwiebel, fein gehackt
1 große Stange Bleichsellerie, fein gehackt
75 g Butter
500 g Mangold, fein gehackt
400 g Arborioreis
1 Glas trockener Weißwein
1,5 l kochend heißer Hühner- oder Gemüsefond
Meersalz und frisch gemahlener schwarzer Pfeffer
75 g frisch geriebener Parmesan
Frisch geriebener Parmesan zum Servieren

Die Zwiebel und den Bleichsellerie in einem großen Topf in der Hälfte der Butter weich dünsten. Den Mangold unterrühren und garen, bis er weich ist; wenn nötig, ein wenig Wasser dazugießen.

Den Reis hinzufügen, alles gründlich vermischen und rühren, bis die Reiskörner glasig und heiß sind. Mit dem Wein ablöschen, rühren und alles einige Minuten kochen lassen, damit der Alkohol verdampft. Etwas heißen Fond angießen und rühren, bis der Reis die gesamte Flüssigkeit aufgenommen hat. Dann unter Rühren weiteren Fond zufügen und wiederum warten, bis er vom Reis absorbiert ist, bevor erneut Flüssigkeit zugegeben wird.

Den Reis in dieser Weise etwa 20 Minuten garen, bis er locker und weich, aber noch bissfest ist. Den Topf von der Kochstelle nehmen. Den Risotto mit Salz und Pfeffer würzen und die verbliebene Butter und den Parmesan unterrühren. Den Risotto mit aufgelegtem Deckel etwa 3 Minuten ruhen lassen. Dann auf einer vorgewärmten Platte anrichten und sofort servieren. Etwas Parmesan getrennt dazu reichen.

Sizilianischer Risotto

Risotto alla Siciliana

Obwohl die Insel Sizilien weit im Süden und daher in großer Entfernung zu den nebelverhangenen Reisfeldern der Lombardei und des Piemont liegt, gehören auch hier einige Reisrezepte zum Küchenrepertoire. Am bekanntesten sind wohl die allgegenwärtigen *arancini di riso* – frittierte Reisbällchen, die im Aussehen Orangen ähneln und in jeder Bar und jedem Café der Insel zu haben sind. Die Tatsache, dass es auf Sizilien Reis gibt, führe ich eher auf die räumliche Nähe zu Nordafrika als auf Einflüsse aus dem nördlichen Italien zurück. Wie dieses Rezept zeigt, wird ein Risotto dort auch völlig anders interpretiert.

FÜR 4 PERSONEN

1 Zwiebel, fein gehackt
3 Knoblauchzehen, fein gehackt
6 EL natives Olivenöl extra
400 g Risottoreis
1 Glas trockener Weißwein
1,2 l kochend heißes gesalzenes Wasser
Eine Hand voll schwarze Oliven, entsteint und grob gehackt
1 EL gesalzene Kapern, abgespült, abgetropft und gehackt
6 reife süße Tomaten, enthäutet, die Samen entfernt, grob gehackt
Abgeriebene Schale von 1 unbehandelten Zitrone
1 große Prise getrockneter Oregano
1 Prise getrocknete zerstoßene Chili
Meersalz und frisch gemahlener schwarzer Pfeffer

Die Zwiebel und den Knoblauch in der Hälfte des Öls weich dünsten. Den Reis hinzufügen und unter Rühren glasig werden lassen. Mit dem Wein ablöschen und rühren, bis der Reis die Flüssigkeit aufgenommen hat und der Alkohol verdampft ist. Nun nach und nach das kochende Wasser angießen und jeweils warten, bis der Reis das Wasser absorbiert hat, bevor weitere Flüssigkeit zugegeben wird.

Nach etwa 20 Minuten, wenn der Risotto cremig, der Reis aber noch bissfest ist, die Oliven, die Kapern, die Tomaten, die Zitronenschale, den Oregano und die Chili unterrühren. Das verbliebene Olivenöl unterziehen und mit Salz und Pfeffer abschmecken. Sofort auf einer vorgewärmten Platte anrichten und servieren.

Reis mit Erbsen auf venezianische Art

Risi e Bisi

Dies ist ein weiteres Rezept, das man nach der alten Zubereitungsweise kochen kann, ohne dass zunächst die Zwiebel in Fett angedünstet wird. Wählt man diese Methode, lässt man den Reis, wie im Rezept auf Seite 53, langsam und gleichmäßig köcheln. Das Ergebnis ähnelt dann mehr einer sehr dicken Suppe als einem Risotto. Anderenfalls geht man wie unten beschrieben vor, was ich persönlich für die schmackhaftere Variante halte. Versuchen Sie, Pancetta zu bekommen; gelingt Ihnen dies nicht, können Sie stattdessen frischen durchwachsenen Speck bester Qualität nehmen.

FÜR 4 PERSONEN

1 kg frische junge aromatische Erbsen oder 500 g kleine Tiefkühlerbsen, aufgetaut
½ milde Zwiebel, sehr fein gehackt
50 g Pancetta, gehackt
50 g Butter
3 EL natives Olivenöl extra
25 g gehackte frische Petersilie
1,5 l kochend heißer Rinder-, Kalbs- oder Hühnerfond
300 g Risottoreis, vorzugsweise Vialone Nano Gigante
Meersalz und frisch gemahlener schwarzer Pfeffer
50 g frisch geriebener Parmesan
Frisch geriebener Parmesan zum Servieren

Frische Erbsen sorgfältig enthülsen und kurz mit kaltem Wasser abspülen.

Die Zwiebel und die Pancetta in einem schweren Topf in der Butter und dem Öl etwa 10 Minuten garen. Die Petersilie unterrühren und 4 Minuten mitgaren. Dann die Erbsen hinzufügen und gründlich durchrühren. So viel heißen Fond angießen, dass die Zutaten knapp bedeckt sind. Frische Erbsen etwa 15 Minuten, tiefgekühlte etwa 5 Minuten leise köcheln lassen, bis sie beinahe gar sind.

Den Reis zugeben, rühren und weiteren Fond angießen. Mit Salz und Pfeffer würzen und rühren, bis der Reis die Flüssigkeit aufgenommen hat. Erst dann etwas Fond nachgießen.

Nach etwa 20 Minuten, wenn der Reis weich ist, den Topf von der Kochstelle nehmen. Den Parmesan unterrühren und den Reis 3 Minuten ruhen lassen. Anschließend zum Servieren auf einer vorgewärmten Platte anrichten. Etwas frisch geriebenen Parmesan getrennt dazu reichen.

SAP

3 Pilze, Kräuter und Trüffeln

Risotto mit Pilzen (Seite 77) gehört wohl zu den beliebtesten Risottogerichten. Auf alle Fälle wird er oft gekocht und man findet ihn häufig auf der Speisekarte von Restaurants. Vermutlich liegt dies einfach daran, dass angeschwitzte Zwiebeln oder Schalotten, Butter, Reis, Pilze, Fond und Parmesan ausgezeichnet miteinander harmonieren. Getrocknete Steinpilze haben ein besonders intensives Aroma, doch sind so viele herrlich schmeckende Pilze auf dem Markt, dass man sich nicht auf eine bestimmte Art beschränken sollte.

Was Risotti mit Kräutern betrifft, glaube ich, dass die Kombination von Reis, schmackhaftem Fond und einer Hand voll frischer gehackter Kräuter etwas ganz Besonderes ist. Experimentieren Sie mit verschiedenen frischen Kräutern, doch verwenden Sie Kräuter mit intensivem Aroma wie Rosmarin und Estragon eher zurückhaltend.

Trüffeln und ein perfekt zubereiteter Risotto scheinen wie füreinander geschaffen zu sein. Es gibt nur drei oder vier Gerichte, die dem kräftigen und geheimnisvollen Aroma von Trüffeln gerecht werden: fein geschnittene hausgemachte Pasta; weiche, weiße, cremige Polenta; frische Eier von frei laufenden Hühnern, in reichlich Butter gebraten – und Risotto. Ich habe zwei Versionen von Trüffelrisotto aufgeführt: ein Rezept, bei dem der Reis nach alter Art zusammen mit den übrigen Zutaten in der gesamten Flüssigkeit gekocht wird, und ein anderes Rezept, das sich der moderneren Zubereitungsmethode bedient. In beiden Fällen dürfen die Trüffeln keinesfalls mitgegart werden, da sie sonst einen Großteil ihres köstlichen erdigen, aufreizenden Aromas verlieren.

Neben bestem Kaviar sind frische Trüffeln die teuersten Nahrungsmittel, die es gibt. Ihr Preis entspricht in etwa dem von Gold und ihre Verwendung ist ein wirklicher Luxus. Eine weiße Trüffel von der Größe einer Walnuss, die ausreicht, um ein Gericht für vier Personen zu verfeinern, kann je nach Qualität und Jahreszeit bis zu 300 DM kosten. Die Trüffelsaison ist sehr kurz, von Ende Oktober bis Anfang Februar, und es gibt gute und sehr, sehr schlechte Jahre. Schwarze Trüffeln, die nicht annähernd so köstlich sind wie weiße, kosten nur etwa die Hälfte bis ein Drittel.

Risotto mit Pilzen und Tomate

Risotto di Funghi al Pomodoro

Passata ist das passierte, konservierte Fruchtfleisch enthäuteter und entkernter Tomaten, das man in fast allen Supermärkten und Lebensmittelgeschäften in Flaschen, Dosen oder Kartons bekommt. Es ist zum Kochen sehr praktisch, verursacht keine Arbeit und der Risotto wird mit diesem Püree schön glatt und samtig.

FÜR 4–6 PERSONEN

1 Zwiebel, gehackt
2 Knoblauchzehen, fein gehackt
75 g Butter
1 EL frische Rosmarinblättchen, fein gehackt
200 g passierte Tomaten (Passata, Fertigprodukt)
1 TL Tomatenmark
1 Glas trockener Weißwein
200 g gemischte frische Pilze, in Scheiben geschnitten
500 g Arborioreis
1,5 l kochend heißer Hühner- oder Gemüsefond
Meersalz und frisch gemahlener schwarzer Pfeffer
Frisch geriebener Parmesan zum Servieren

Die Zwiebel mit dem Knoblauch in der Hälfte der Butter weich dünsten. Den Rosmarin und die Passata unterrühren, anschließend das Tomatenmark und den Wein hinzufügen. Die Pilze zugeben und einige Minuten garen, bis sie weich werden.

Dann den Reis hinzufügen und rühren, bis er glänzt und glasig ist. Die erste Schöpfkelle heißen Fond angießen und rühren, bis der Reis die Flüssigkeit aufgenommen hat. Dann erneut etwas Fond zugeben und weiterrühren. Den Reis in dieser Weise etwa 20 Minuten garen, bis der Risotto cremig und glatt ist, die Körner aber noch bissfest sind.

Den Topf von der Kochstelle nehmen, die restliche Butter unter den Reis rühren und mit Salz und Pfeffer abschmecken. Den Deckel auflegen und den Risotto 1 Minute ruhen lassen. Dann auf einer vorgewärmten Platte anrichten und sofort servieren. Parmesan getrennt dazu reichen.

Risotto mit Pilzen

Risotto con i Funghi

Dieses Rezept erfreut sich seit langem großer Beliebtheit. Da heute viele verschiedene Arten von Pilzen kultiviert werden, sollte es nicht allzu schwierig sein, eine geeignete Auswahl zu finden. Für ein weniger intensives Pilzaroma nimmt man am besten gewöhnliche Champignons.

FÜR 6 PERSONEN

200 g gemischte frische Wald- oder Kulturpilze
1 Zwiebel, gehackt
1–2 Knoblauchzehen, gehackt
1 kleiner Zweig frischer Rosmarin, gehackt
100 g Butter
1 großes Glas trockener Weißwein
500 g Risottoreis
Meersalz und frisch gemahlener schwarzer Pfeffer
1,5 l kochend heißer Hühner- oder Gemüsefond
Frisch geriebener Parmesan zum Servieren (nach Belieben)

Die Pilze sorgfältig verlesen, putzen und hacken. Die Zwiebel, den Knoblauch und den Rosmarin mit der Hälfte der Butter in einem großen schweren Topf dünsten, bis die Zwiebel weich ist. Die Pilze gründlich unterrühren und garen, bis sie weich sind. Dann den Wein angießen, rühren und warten, bis der Alkohol verdampft ist.

Den Reis zugeben und rühren, bis er heiß ist und glänzt. Mit Salz und Pfeffer würzen und mit dem Zufügen des heißen Fonds beginnen. Warten, bis der Reis die erste Schöpfkelle Flüssigkeit absorbiert hat, bevor weiterer Fond zugegeben wird; die Zutaten dabei ununterbrochen durchrühren. Den Reis in dieser Weise etwa 20 Minuten garen, bis er weich, gut gequollen und locker ist.

Den Topf von der Kochstelle nehmen und die verbliebene Butter unterrühren. Den Deckel auflegen und den Risotto etwa 3 Minuten ruhen lassen. Dann zum Servieren auf einer vorgewärmten Platte anrichten. Nach Belieben Parmesan getrennt dazu reichen; bei sehr aromatischen Pilzen ist dies jedoch nicht erforderlich.

Risotto nach Genueser Art

Risotto alla Genovese

Dieser Risotto wird auf recht ungewöhnliche Weise zubereitet, schmeckt aber einfach köstlich. Pecorino ist, wie Parmesan, ein Hartkäse, wird jedoch aus Schafmilch hergestellt.

FÜR 6 PERSONEN

1 Zwiebel, gehackt
4 EL natives Olivenöl extra
100 g frische Pilze, in Scheiben geschnitten
250 g gehackte Tomaten aus der Dose
Meersalz und frisch gemahlener schwarzer Pfeffer
1,5 l Wasser
500 g Risottoreis
6 EL frisch geriebener Parmesan oder Pecorino

Die Zwiebel im Öl weich dünsten. Die Pilze hinzufügen und etwa 5 Minuten garen. Dann die Tomatenstücke zugeben, nach Geschmack mit Salz und Pfeffer würzen und den Deckel auflegen.

In einem zweiten Topf das Wasser mit einer großen Prise Salz zum Kochen bringen. Den Reis hinzufügen und durchrühren. Das Wasser wieder zum Kochen bringen und den Reis 5 Minuten kochen. Dann abgießen und das Kochwasser auffangen. Gründlich abtropfen lassen.

Den abgetropften Reis zu den Tomaten und Pilzen in den Topf geben. Behutsam rühren und schöpfkellenweise das heiße Reiswasser angießen. Dabei immer erst dann weitere Flüssigkeit hinzufügen, wenn der Reis das Wasser vollständig aufgenommen hat. Mit Salz und Pfeffer würzen und den Reis in der beschriebenen Weise noch etwa 15 Minuten garen, bis der Risotto cremig, der Reis aber noch bissfest ist.

Den Käse unterrühren, den Risotto noch einige Minuten garen und dann zum Servieren in einer vorgewärmten Schüssel anrichten.

Klassischer Trüffelrisotto

Risotto al Tartufo Classico

Dieses Rezept ist sehr alt und die Zubereitung unterscheidet sich deshalb auch von den meisten anderen Rezepten in diesem Buch. Im Gegensatz zu anderen Risotti wird der Reis hier im Fond gekocht, der sehr kräftig und aromatisch sein muss.

FÜR 4 PERSONEN

40 g Flomen
Je 20 g fetter und magerer luftgetrockneter Schinken
1 Zwiebel, gehackt
1 Möhre, in dünne Scheiben geschnitten
1 Stange Bleichsellerie, gehackt
400 g Bauchlappen, Schulter oder ein ähnliches Stück vom Rind, in grobe Stücke geschnitten
1,5 l kochendes Wasser
Meersalz und frisch gemahlener schwarzer Pfeffer
400 g Risottoreis
75 g Butter
75 g frisch geriebener Parmesan
Ein Stück weiße Trüffel (Größe nach Geschmack und Erschwinglichkeit), gesäubert

Den Flomen, den Schinken und die Zwiebel zusammen fein hacken, bis die Zutaten einer zähen Paste ähneln. Alles in einen schweren Suppentopf geben und unter Rühren anschwitzen, bis die Zwiebel weich und goldgelb ist. Die Möhre und den Bleichsellerie hinzufügen und etwa 5 Minuten garen. Dann das Rindfleisch zugeben und auf allen Seiten gut anbraten. Das kochende Wasser dazugießen, den Fond mit Salz und Pfeffer würzen und den Deckel auflegen. Etwa 3 Stunden leise köcheln lassen.

Das Fleisch aus dem Topf nehmen und wegwerfen. Die übrigen Zutaten aus dem Fond zusammen mit der Flüssigkeit durch ein Passiersieb streichen, den Fond zurück in den Topf geben und zum Köcheln bringen. (Es sollten etwa 1,2 l Flüssigkeit vorhanden sein.)

Den Reis hinzufügen, durchrühren und etwa 20 Minuten köcheln lassen, bis er gut gequollen, locker und weich ist und die gesamte Flüssigkeit aufgenommen hat. Die Butter und den Parmesan zugeben und gründlich unterrühren. Den Deckel auflegen und den Risotto 5 Minuten stehen lassen. Dann auf einer vorgewärmten Servierplatte anrichten, die Trüffel großzügig in feinen Spänen darüber hobeln und sofort servieren.

Risotto mit Trüffeln

Risotto al Tartufo

Die besten weißen Trüffeln kommen aus der kleinen Stadt Alba im Piemont. Wenn Sie im Winter, während der Trüffelsaison, nach Alba kommen, können Sie Ihre losen Trüffeln zusammen mit Risottoreis in einem fest verschlossenen Glas nach Hause transportieren. Der Reis nimmt das Aroma der Trüffeln auf und kann anschließend für einen köstlichen Risotto verwendet werden. Ist Ihnen die Reise nach Alba zu weit, sollten Sie in Ihrem italienischen Stammlokal nachfragen, ob man Ihnen Trüffeln besorgen kann oder eine gute Bezugsquelle kennt. Hat man keine Trüffeln, ersetzt man die Hälfte der Butter durch einige Esslöffel Trüffelöl, das zusammen mit dem Käse am Ende der Garzeit untergerührt wird. Arneis ist ein charaktervoller, süffiger trockener Weißwein, der im Piemont häufig zum Marinieren und Garen von Wildbret verwendet wird.

FÜR 4–6 PERSONEN

100 g Butter
3 Schalotten, fein gehackt
500 g Risottoreis, vorzugsweise Carnaroli
½ Flasche körperreicher trockener Weißwein, etwa Arneis
1 l kochend heißer Hühner- oder Gemüsefond
Meersalz und frisch gemahlener schwarzer Pfeffer
50 g frisch geriebener Parmesan
1 weiße oder schwarze Trüffel, gesäubert

Die Hälfte der Butter zerlassen und die Schalotten darin dünsten, bis sie weich und glasig sind. Den Reis hinzufügen und rühren, bis er glänzt und von der Butter überzogen, aber noch nicht gebräunt ist. Mit dem Wein ablöschen und rühren, bis der Alkohol verdampft ist und der Reis die Flüssigkeit vollständig aufgenommen hat. Dann schöpfkellenweise heißen Fond unterrühren. Vor der Zugabe weiterer Flüssigkeit jeweils warten, bis der Reis den Fond absorbiert hat. Mit Salz und Pfeffer abschmecken.

Wenn der Risotto cremig und gar, der Reis aber noch bissfest ist, den Topf von der Kochstelle nehmen. Die verbliebene Butter und den Parmesan unterrühren. Den Risotto mit aufgelegtem Deckel 2 Minuten ruhen lassen. Dann auf einer vorgewärmten Platte anrichten, die Trüffel in feinen Spänen darüber hobeln und sofort servieren.

Risotto mit Rucola

Risotto alla Rucola

Ich liebe den Geschmack von Rucola so sehr, dass ich dieses Rezept unbedingt in meine Sammlung aufnehmen musste. Achten Sie darauf, dass die Rucola durch die Hitze des Gerichts lediglich zusammenfällt, jedoch nicht gegart wird, da sich sonst ihr Geschmack unangenehm verändert.

FÜR 4 PERSONEN

1 Zwiebel, gehackt
75 g Butter
400 g Risottoreis
1/2 Glas trockener Weißwein
1,2 l kochend heißer Hühnerfond
2 große Bund Rucola, grob gehackt
3 EL Kaffeesahne
50 g frisch geriebener Parmesan
Meersalz und frisch gemahlener schwarzer Pfeffer

Die Zwiebel in der Hälfte der Butter weich dünsten. Den Reis hinzufügen und unter Rühren heiß und glasig werden lassen. Mit dem Wein ablöschen und die Zutaten 1 Minute kochen lassen, damit der Alkohol verdampft.

Dann unter ständigem Rühren schöpfkellenweise den heißen Fond hinzufügen und jeweils warten, bis der Reis die Flüssigkeit vollständig absorbiert hat, bevor eine weitere Schöpfkelle Fond angegossen wird. Durch das Rühren und die Zugabe kleiner Flüssigkeitsmengen bekommt der Reis nach und nach eine cremige, samtige Konsistenz. Diese hat er nach etwa 20 Minuten erreicht. Dabei sollte der Reis aber noch bissfest und nicht zerkocht sein.

Die verbliebene Butter, die Rucola, die Sahne und den Parmesan unterrühren. Das Ganze mit Salz und Pfeffer abschmecken. Nochmals durchrühren und den Deckel auflegen. Den Risotto 2 Minuten ruhen lassen. Dann auf einer vorgewärmten Platte anrichten und sofort servieren.

Risotto mit Tomaten und Basilikum

Risotto con Pomodori e Basilico

Dieses Rezept stammt aus Ligurien. Um es authentisch zuzubereiten, sollte man daher ligurisches Olivenöl verwenden. Haben die Tomaten eine feste Haut, empfiehlt es sich, sie zunächst zu enthäuten. Dazu schneidet man den Stielansatz mit einem spitzen Messer heraus, legt die Tomaten für 1 Minute in kochendes Wasser, lässt sie dann abtropfen und zieht die Haut mit einem Messer ab.

FÜR 6 PERSONEN

Eine Hand voll frische Basilikumblätter
2 Knoblauchzehen, gehackt
6 reife, weiche Tomaten, grob gehackt
120 ml natives Olivenöl extra (vorzugsweise aus Ligurien)
Meersalz und frisch gemahlener schwarzer Pfeffer
150 g Pinienkerne
600 g Arborioreis
1 großes Glas trockener Weißwein
1,5 l kochend heißer Gemüsefond
75 g frisch geriebener Pecorino oder Parmesan

Das Basilikum, den Knoblauch und die Tomaten mit der Hälfte des Öls in einen Topf geben und etwa 10 Minuten garen, bis eine dicke, stückige Sauce entstanden ist. Mit Salz und Pfeffer würzen. Wenn die Sauce glänzt, den Topf von der Kochstelle nehmen und bis zur Verwendung beiseite stellen.

In der Zwischenzeit das restliche Öl in einen zweiten Topf gießen, die Pinienkerne hinzufügen und rösten, bis sie goldgelb, aber nicht gebräunt sind. Den Reis zugeben und unter Rühren glasig werden lassen. Mit dem Wein ablöschen und rühren, bis der Alkohol verdampft ist. Nach und nach den heißen Fond angießen und rühren, bis der Reis die Flüssigkeit absorbiert hat. Den Reis dabei behutsam durchrühren und immer nur eine kleine Menge Flüssigkeit angießen.

Nach etwa 10 Minuten, der Hälfte der Garzeit, die Tomatensauce hinzufügen. Rühren und schöpfkellenweise weiteren heißen Fond zugeben.

Wenn der Reis noch bissfest und der Risotto bereits cremig und samtig ist, den Topf von der Kochstelle nehmen und den Pecorino oder Parmesan unterrühren. Den Deckel auflegen und den Risotto 2 Minuten ruhen lassen. Dann auf einer vorgewärmten Platte anrichten und sofort servieren.

Risotto mit Pesto

Risotto al Pesto

Ich bereite diesen Risotto gerne besonders cremig zu und garniere ihn – als Kontrast – mit fein gehacktem frischem Basilikum und gerösteten Pinienkernen. Pinienkerne lassen sich am einfachsten rösten, wenn man sie bei mittlerer Hitze in einer trockenen Pfanne schwenkt, bis sie goldgelb sind.

FÜR 4 PERSONEN

1 Zwiebel, fein gehackt
1 Knoblauchzehe, fein gehackt
4 EL natives Olivenöl extra
400 g Risottoreis
1,2 l kochend heißer Hühner- oder Gemüsefond
3 EL Pesto guter Qualität
Meersalz und frisch gemahlener schwarzer Pfeffer
3 EL Crème double oder 2 EL Mascarpone
4 EL frisch geriebener Parmesan
Eine Hand voll frische Basilikumblätter, gehackt
Eine Hand voll Pinienkerne, leicht geröstet

Die Zwiebel und den Knoblauch im Olivenöl dünsten, bis die Zwiebel weich ist. Dann den Reis zugeben. Die Temperatur heraufschalten und rühren, bis der Reis gut heiß und glasig ist; er darf jedoch keine Farbe annehmen. Die erste Schöpfkelle heißen Fond angießen und rühren, bis der Reis die Flüssigkeit absorbiert hat. Eine weitere Schöpfkelle Fond hinzufügen, wieder rühren und warten, bis der Reis die Flüssigkeit aufgenommen hat.

Den Reis etwa 20 Minuten in dieser Weise garen, bis er samtig, aber noch bissfest ist. Den Pesto unterrühren und heiß werden lassen. Den Risotto mit Salz und Pfeffer abschmecken, dann den Topf von der Kochstelle nehmen.

Die Crème double oder den Mascarpone und den Parmesan unterrühren. Den Deckel auflegen und den Risotto 2–3 Minuten ruhen lassen. Dann nochmals durchrühren und auf einer vorgewärmten Platte anrichten. Mit Basilikum und Pinienkernen bestreuen und sofort servieren.

Risotto mit Knoblauch

Risotto all'Aglio

Auch dieses Rezept stammt aus Ligurien. Die Menge an Knoblauch lässt sich selbstverständlich nach Geschmack und Anlass variieren.

FÜR 4 PERSONEN

5 Knoblauchzehen, fein gehackt

Eine große Hand voll frische glatte Petersilie, Stengel weggeworfen, Blätter fein gehackt

75 ml natives Olivenöl extra, vorzugsweise aus Ligurien

Meersalz und frisch gemahlener schwarzer Pfeffer

100 g Tomaten aus der Dose, abgetropft

75 g gekochter Schinken, in grobe Würfel geschnitten

500 g Arborioreis

1,5 l kochend heißer Gemüsefond

50 g frisch geriebener Parmesan

Frisch geriebener Parmesan zum Servieren

Den Knoblauch und die Petersilie etwa 5 Minuten im Olivenöl dünsten, bis der Knoblauch weich ist. Kräftig mit Salz und Pfeffer würzen und die Tomaten und den Schinken zugeben. Rühren, bis die Tomaten kochen und zu zerfallen beginnen. Dann den Reis hinzufügen und weiterrühren.

Wenn der Reis heiß und von den anderen Zutaten überzogen ist, mit der Zugabe des heißen Fonds beginnen. Rühren und nach und nach weitere Flüssigkeit angießen. Jeweils warten, bis der Reis die Flüssigkeit vollständig aufgenommen hat, und erst dann heißen Fond nachgießen.

Den Risotto in dieser Weise etwa 20 Minuten garen, bis er weich und cremig, der Reis aber noch bissfest ist. Den Topf von der Kochstelle nehmen und den Parmesan unterrühren. Den Deckel auflegen und den Risotto 1 Minute ruhen lassen. Auf einer vorgewärmten Platte anrichten und sofort servieren. Frisch geriebenen Parmesan getrennt dazu reichen.

Risotto mit Petersilie

Risotto di Prezzemolo

Dies ist mein Lieblingsrisotto, denn er entspricht perfekt meiner Philosophie des Kochens: Weniger ist mehr! Mit anderen Worten, die besten Rezepte sind jene, die aus sehr wenigen Zutaten bester Qualität bestehen, welche bei der Zubereitung möglichst wenig verändert werden. Nehmen Sie für diesen Risotto unbedingt glatte Petersilie. Meine Versuche, das Rezept mit krauser Petersilie zuzubereiten, waren mehr als enttäuschend. Mein bevorzugter Wein für dieses Rezept ist Pinot Grigio.

FÜR 4 PERSONEN

1 Zwiebel, sehr fein gehackt
75 g Butter
400 g Arborioreis
1 Glas trockener Weißwein
1,5 l kochend heißer Hühnerfond
Meersalz und frisch gemahlener schwarzer Pfeffer
1 großes Bund frische glatte Petersilie, Stengel weggeworfen, Blätter fein gehackt
75 g frisch geriebener Parmesan

Die Zwiebel in der Hälfte der Butter dünsten, bis sie weich und glasig ist. Den Reis zugeben und wenden, bis er von Fett überzogen ist und glänzt. Den Wein dazugießen und alles gründlich durchrühren. Nach 1 Minute die erste Schöpfkelle heißen Fond angießen. Rühren und warten, bis die Flüssigkeit verkocht ist, dann die nächste Schöpfkelle Fond hinzufügen.

Den Risotto in dieser Weise etwa 20 Minuten garen, bis er weich und cremig, der Reis aber noch bissfest ist. Mit Salz und Pfeffer abschmecken und von der Kochstelle nehmen. Die restliche Butter, die Petersilie und den Parmesan zugeben. Alles gründlich verrühren und den Deckel auflegen. Den Risotto 2 Minuten ruhen lassen, dann auf einer vorgewärmten Platte anrichten und sofort servieren.

Safranrisotto

Risotto allo Zafferano

Dieses Rezept ist eine Abwandlung des *Risotto alla Milanese*, das aber im Gegensatz zu dem klassischen Rezept auf Seite 121 ein Glas Wein und kein Knochenmark enthält. Sie können mehr Safran verwenden, wenn der Risotto eine kräftigere Farbe und ein intensiveres Aroma haben soll. Ich nehme für das Rezept am liebsten Hühnerfond, doch eignet sich auch Rinderfond.

FÜR 6 PERSONEN

1 Zwiebel, fein gehackt
100 g Butter
500 g Risottoreis
1 Glas trockener Weißwein
1,5 l kochend heißer Hühner- oder Rinderfond
1–2 Döschen gemahlener Safran
75 g frisch geriebener Parmesan
Meersalz und frisch gemahlener schwarzer Pfeffer

Die Zwiebel in der Hälfte der Butter dünsten, bis sie weich und glasig ist. Den Reis hinzufügen und rühren, bis er ebenfalls glasig und sehr heiß, aber noch nicht gebräunt ist. Mit dem Wein ablöschen und rühren, bis der Reis die Flüssigkeit aufgenommen hat und der Alkohol verdampft ist.

Nun die erste Schöpfkelle heißen Fond angießen, rühren und warten, bis er vom Reis absorbiert ist. Erst dann die nächste Schöpfkelle Fond zugeben. In dieser Weise fortfahren, sodass der Reis niemals zu feucht, aber auch niemals länger als einige Sekunden sehr trocken ist. Nach 10 Minuten – der Hälfte der Garzeit – den Safran unter den Reis rühren und den Reis wie zuvor weitergaren.

Nach etwa 20 Minuten, wenn der Risotto samtig und cremig, der Reis aber noch bissfest ist, den Topf von der Kochstelle nehmen. Die verbliebene Butter und den Parmesan unterrühren. Mit Salz und Pfeffer abschmecken und den Deckel auflegen. Den Risotto etwa 3 Minuten ruhen lassen, dann auf einer vorgewärmten Platte anrichten und sofort servieren.

Brennnesselrisotto

Risotto all'Ortica

Sollten Sie jemals Brennnesseln zum Kochen verwenden wollen, vergessen Sie nicht, dicke Handschuhe anzuziehen, bevor Sie nach draußen gehen, um sie zu pflücken. Alle Rezepte mit Brennnesseln – sei es Risotto, Pasta, Suppe oder Salat – schmecken am besten, wenn man die frischen, zarten grünen Pflanzen, die im Frühling wachsen, verwendet. Bei älteren Pflanzen muss zunächst die faserige Außenschicht der Stengel vollständig abgezogen werden, da sie sonst recht zäh sind. Ansonsten behandelt man Brennnesseln in der Küche wie die meisten anderen grünen Blattgemüse.

FÜR 4 PERSONEN

1 große milde Zwiebel, fein gehackt
1 große Stange Bleichsellerie, fein gehackt
75 g Butter
500 g frisch gepflückte Brennnesseln, gründlich gewaschen, trockengetupft und fein gehackt
400 g Arborioreis
1 Glas halbtrockener Weißwein oder Rosé
1,5 l kochend heißer Hühner- oder Gemüsefond
75 g frisch geriebener Parmesan
Meersalz und frisch gemahlener schwarzer Pfeffer
Frisch geriebener Parmesan zum Servieren

Die Zwiebel und den Bleichsellerie in der Hälfte der Butter weich dünsten. Die gehackten Brennnesseln unterrühren und einige Minuten garen, bis sie weich sind; wenn nötig, etwas Wasser zugeben.

Den Reis hinzufügen und alles durchheben, bis der Reis glänzt und heiß ist. Den Wein angießen und den Alkohol unter Rühren verdampfen lassen. Etwas heißen Fond zugeben und rühren, bis der Reis die gesamte Flüssigkeit aufgenommen hat. Erst dann weiteren Fond angießen. Rühren, erneut warten, bis die Flüssigkeit vom Reis absorbiert ist, und wieder eine kleine Menge Fond hinzufügen.

Den Risotto etwa 20 Minuten in dieser Weise garen, bis er cremig und samtig, der Reis aber noch bissfest ist. Den Topf von der Kochstelle nehmen und die restliche Butter und den Parmesan unterrühren. Mit Salz und Pfeffer abschmecken. Den Risotto mit aufgelegtem Deckel etwa 3 Minuten ruhen lassen. Dann auf einer vorgewärmten Platte anrichten und sofort servieren. Parmesan getrennt dazu reichen.

Gloriosa
lbs

4 Fisch und Meeresfrüchte

Zum Inhalt dieses Kapitels möchte ich nur ein Wort sagen und das ist FRISCHE! *Fangfrischer und „alter" Fisch unterscheiden sich im Geschmack wie Tag und Nacht und Sie sollten niemals Fisch zum Kochen verwenden, der nicht absolut frisch ist. Von den Gesundheitsrisiken, die Fische und besonders Schal- und Krustentiere, die nicht mehr ganz frisch sind, bergen können, ganz zu schweigen.*

Mein Lieblingsrezept in diesem Kapitel ist der Risotto meiner Mutter Fiammetta, den Sie auf Seite 110 finden. Dieser unglaublich einfache, aber dennoch überaus raffinierte Risotto war eines jener phantastischen Gerichte, die uns meine Mutter von Zeit zu Zeit zum Abendessen servierte. Da ich Miesmuscheln schon als kleines Mädchen mochte, freute ich mich immer ganz besonders auf dieses Essen! Rückblickend muss ich sagen, dass es recht mutig und fortschrittlich von meiner Mutter war, diesen Risotto auch uns Kindern vorzusetzen – schließlich handelte es sich nicht um Fischstäbchen ... Aber mit Fischstäbchen machte ich ohnehin erst Bekanntschaft, als ich Ende der 70er Jahre nach London kam.

Ein Rezept, mit dem Sie Probleme haben könnten – obwohl ich hoffe, dass dies nicht eintritt –, ist der Risotto mit Aal auf Seite 99. Da ich weiß, dass man frischen Aal nicht immer und überall bekommt, seine Zubereitung nicht ganz einfach ist und ihn auch nicht jeder mag, habe ich als Alternative Räucheraal vorgeschlagen. Der Risotto bekommt damit zwar eine andere, aber dennoch ganz hervorragende Geschmacksrichtung. Ich erinnere mich gut an einen Aalrisotto, den ich während der Dreharbeiten zu meiner Fernsehserie in der Nähe von Treviso gegessen habe – und allein der Gedanke daran lässt mir noch heute das Wasser im Munde zusammenlaufen! Und ich fühle mich zurückversetzt in die einfache Trattoria am Fluss, wo er zubereitet und serviert wurde, und denke, auch das ist ein kleines Stück vom Paradies.

Risotto mit Lachs

Risotto al Salmone

Es ist wohl eine der wohlschmeckendsten Arten frischen Lachs zuzubereiten, wenn man ihn mit frischen, säuerlichen und rauchigen Aromen kombiniert.

FÜR 4 PERSONEN

400 g frischer Lachs aus dem Schwanzstück
1 Lorbeerblatt
Meersalz
5 schwarze Pfefferkörner
Abgeriebene Schale von 1/2 unbehandelten Zitrone
Eine Hand voll frische Petersilie
1 Knoblauchzehe, gehackt
75 g Butter
1 EL Olivenöl
400 g Risottoreis, vorzugsweise Vialone Nano
1 Glas trockener Weißwein
2 EL fein gehackte frische Petersilie
Abgeriebene Schale von 1 sehr kleinen unbehandelten Zitrone
2 Scheiben Räucherlachs, in feine Streifen geschnitten

Den Fisch abspülen und sichtbare Gräten entfernen. Das Lorbeerblatt, Salz, die Pfefferkörner, die Zitronenschale und die Petersilie in einen Topf geben, in dem später auch der Fisch Platz hat, und die Zutaten mit Wasser bedecken. Den Sud zum Kochen bringen und etwa 20 Minuten köcheln lassen. Den Lachs in das Wasser legen und bei geöffnetem Deckel etwa 10 Minuten pochieren. Dann den Deckel auflegen und den Topf von der Kochstelle nehmen. Den Lachs noch kurze Zeit in der heißen Flüssigkeit stehen lassen, bis er gar ist (das Fleisch lässt sich dann leicht mit der Gabel zerpflücken). Herausheben, Haut und Gräten entfernen und den Fisch in kleine Stücke schneiden. Die Garflüssigkeit durch ein Sieb gießen, zurück in den Topf füllen und köcheln lassen.

In einem hohen schweren Topf den Knoblauch in der Hälfte der Butter und dem Öl dünsten, bis er weich wird. Den Reis hinzufügen und die Körner gründlich anrösten, ohne dass sie bräunen. Dann den Wein angießen und 2–3 Minuten kochen lassen, damit der Alkohol verdampft. Unter ständigem Rühren schöpfkellenweise den heißen Lachsfond zugeben und jeweils warten, bis der Reis die Flüssigkeit aufgenommen hat, bevor weiterer Fond hinzugefügt wird. Nach etwa 15 Minuten den gegarten Fisch unterheben und mit der Zugabe des Fonds fortfahren.

Wenn der Reis weich ist, den Topf von der Kochstelle nehmen und die verbliebene Butter unterrühren. Den Deckel auflegen und den Risotto 2 Minuten ruhen lassen. Dann auf einer vorgewärmten Platte anrichten. Mit der gehackten Petersilie und der Zitronenschale bestreuen, die Räucherlachsstreifen darauf geben und servieren.

Risotto mit Seehecht

Risotto al Nasello

Seehecht bekommt man heute recht problemlos bei Fischhändlern und in Supermärkten. Er hat ein feines Aroma und sein Fleisch fällt schön auseinander, was für diesen Risotto genau richtig ist. Ist kein Seehecht erhältlich, kann man stattdessen auch Kabeljau nehmen.

FÜR 4 PERSONEN

400 g Seehechtfilet
2 EL Mehl
100 g Butter
2 Glas trockener Weißwein
Meersalz und frisch gemahlener schwarzer Pfeffer
1 Zwiebel, fein gehackt
400 g Arborioreis
1,5 l kochend heißer Fischfond
3 EL fein gehackte glatte Petersilie

Den Fisch leicht mit Mehl bestäuben. Die Hälfte der Butter in einer Bratpfanne erhitzen und den Fisch darin einige Minuten braten, bis er gar ist. Etwa ein halbes Glas Wein angießen und den Alkohol unter Rühren verdampfen lassen. Mit Salz und Pfeffer würzen und beiseite stellen.

Die verbliebene Butter in einem Topf zerlassen und die Zwiebel darin glasig dünsten. Den Reis hinzufügen und rühren, bis die Körner mit Butter und Zwiebel überzogen sind. Den Reis erst wenn er sehr heiß ist, mit dem verbliebenen Wein ablöschen und alles einige Minuten kochen lassen, damit der Alkohol verdampft. Dann unter ständigem Rühren schöpfkellenweise heißen Fond zugeben. Dabei stets warten, bis der Reis die Flüssigkeit absorbiert hat, bevor weiterer Fond hinzugefügt wird.

Nach etwa 15 Minuten, wenn der Reis fast gar ist, das Fischfilet zugeben und alles durchrühren, damit der Fisch ein wenig zerfällt. Weitere Flüssigkeit hinzufügen und behutsam rühren, bis der Reis gar, aber noch bissfest ist. Von der Kochstelle nehmen, die Petersilie und reichlich frisch gemahlenen schwarzen Pfeffer zugeben. Den Deckel auflegen und den Risotto 1 Minute ruhen lassen. Dann auf einer vorgewärmten Platte anrichten und sofort servieren.

Risotto mit Makrele und Rosmarin

Risotto allo Sgombro con Rosmarino

Makrele ist ein köstlicher, aber zumeist unterschätzter Fisch, sodass er meines Erachtens unbedingt einen Platz in dieser Rezeptsammlung bekommen musste. Von allen Küchenkräutern passt Rosmarin meiner Meinung nach am besten zu Makrele.

FÜR 4 PERSONEN

1 große oder 2 kleine Makrelen, ausgenommen und gesäubert
6 EL natives Olivenöl extra
3 Knoblauchzehen, fein gehackt
1 großer Zweig frischer Rosmarin (etwa 10 cm lang)
Meersalz und frisch gemahlener schwarzer Pfeffer
2 Glas trockener Weißwein
1,2 l kochend heißer Fischfond
400 g Arborioreis

Den Backofen auf 190 °C (Gasherd Stufe 3) vorheizen.

Die Fischhaut auf beiden Seiten drei- oder viermal einschneiden. Eine ofenfeste Form mit etwas Öl einfetten und den Fisch hineinlegen. Etwa die Hälfte des Knoblauchs in die Einschnitte drücken, den Rest für den Reis zurückbehalten. Ungefähr die Hälfte der Rosmarinblättchen abzupfen und ebenfalls in die Einschnitte stecken. Den Fisch innen und außen gut mit Salz und Pfeffer würzen und dann mit einem Glas Weißwein übergießen. Den Fisch etwa 20 Minuten im Ofen garen, bis er sich leicht zerpflücken lässt und damit gar ist. Abkühlen lassen, Haut und Gräten entfernen und den Fisch zerpflücken. Die Garflüssigkeit durch ein Sieb gießen und beiseite stellen. Haut, Gräten und Kopf der Makrele in den köchelnden Fischfond geben, damit dieser zusätzliches Aroma bekommt.

Die übrigen Rosmarinblättchen sehr fein hacken und zusammen mit dem verbliebenen Knoblauch im restlichen Öl etwa 2 Minuten dünsten. Den Reis hinzufügen und durchheben, damit er von Öl, Knoblauch und Rosmarin überzogen wird. Wenn der Reis sehr heiß, aber noch nicht gebräunt ist, das zweite Glas Weißwein sowie die Garflüssigkeit der Makrele dazugießen. Unter Rühren erhitzen, bis der Alkohol verdampft ist. Den Fischfond durch ein Sieb in einen weiteren Topf gießen, wieder heiß stellen und nach und nach schöpfkellenweise zum Reis geben. Jeweils rühren, bis der Reis die Flüssigkeit aufgenommen hat, bevor weiterer Fond zugegeben wird. Nach 10 Minuten – etwa der Hälfte der Garzeit – den Risotto mit Salz und Pfeffer würzen und das Makrelenfleisch hinzufügen. Alles durchheben und den Reis wie oben beschrieben weitergaren. Wenn der Risotto samtig und cremig ist, auf einer vorgewärmten Platte anrichten und sofort servieren.

Risotto mit Thunfisch

Risotto al Tonno

Italienischer Dosenthunfisch ist weitaus besser als jeder andere, sodass es sich empfiehlt, beim Einkauf auf die Marke zu achten. In jedem Fall sollte der Thunfisch in Olivenöl eingelegt sein.

FÜR 4 PERSONEN

1 große Zwiebel, fein gehackt
120 g Butter
500 g Arborioreis
1 Glas trockener Weißwein
1,5 l kochend heißer Gemüsefond
2 EL Mehl
500 ml Milch
Meersalz und frisch gemahlener schwarzer Pfeffer
120 g Thunfisch aus der Dose (in Olivenöl), abgetropft und zerpflückt
4 EL fein gehackte frische Petersilie

Die Zwiebel in einem Drittel der Butter dünsten, bis sie weich und glasig ist. Den Reis hinzufügen und rühren, damit er gut von Butter und Zwiebel überzogen wird. Wenn der Reis glasig und sehr heiß, aber noch nicht gebräunt ist, den Weißwein angießen und den Alkohol verdampfen lassen. Dann mit der Zugabe des Fonds beginnen. Den Fond schöpfkellenweise hinzufügen und jeweils rühren, bis der Reis die Flüssigkeit absorbiert hat, bevor weiterer Fond zugegeben wird.

Während der Reis in dieser Weise gart, die restliche Butter in einem zweiten Topf aufschäumen lassen; sie darf nicht bräunen. Das Mehl hinzufügen und einrühren. Die Milch angießen und kräftig durchschlagen, damit keine Klümpchen entstehen. Mit Salz und Pfeffer abschmecken und unter ständigem Rühren etwa 10 Minuten köcheln lassen, bis die Sauce eingedickt ist und ihren Mehlgeschmack verloren hat. Den Thunfisch und die Petersilie zugeben, alles durchrühren und den Topf von der Kochstelle nehmen.

Wenn der Risotto cremig und samtig, der Reis aber noch bissfest ist, den Risotto nach Geschmack mit Salz und Pfeffer würzen und auf einer vorgewärmten Platte anrichten. Die Thunfischsauce darüber schöpfen und den Risotto sofort servieren.

Risotto mit Sardinen und Tomate

Risotto di Sardine al Pomodoro

Versuchen Sie, möglichst fangfrische Sardinen zu bekommen. Sardinen, die wenige Stunden nach dem Fang gegart werden, bleiben fester und bewahren ihre Form und Textur besonders gut. Sollten die Fische beim Garen auseinander fallen, ist dies auch keine Katastrophe, denn ihr Aroma bleibt dennoch erhalten.

FÜR 4 PERSONEN

2 Knoblauchzehen, fein gehackt
400 g ausgenommene, filetierte Sardinen (ohne Kopf)
4 EL natives Olivenöl extra
6 reife, weiche Tomaten, enthäutet und grob gehackt
400 g Arborioreis
1 Glas trockener Weißwein
1 TL Zitronensaft
1,2 l kochend heißer Fischfond
Meersalz und frisch gemahlener schwarzer Pfeffer
3 EL gehackte frische Petersilie

Den Knoblauch und die Sardinen etwa 5 Minuten im Öl braten, bis die Sardinen halb gar sind. Die Fische herausnehmen, die Schwanzflossen abziehen und wegwerfen, die Sardinen grob zerteilen und die Stücke wieder zurück in den Topf geben. Die Tomaten hinzufügen und rühren, bis Fisch, Knoblauch und Tomaten durch und durch heiß sind.

Den Reis zugeben und den Wein und den Zitronensaft dazugießen. Alles 2 Minuten kochen lassen, damit der Alkohol verdampft. Dann die erste Schöpfkelle heißen Fond angießen. Rühren und warten, bis der Reis die Flüssigkeit aufgenommen hat, bevor weiterer Fond hinzugefügt wird.

Den Reis auf diese Weise garen, bis der Risotto cremig und samtig ist, die Körner aber noch bissfest sind. Mit Salz und Pfeffer abschmecken, die Petersilie zugeben und nochmals durchrühren. Auf einer vorgewärmten Platte anrichten und sofort servieren.

Risotto mit Sardelle und Tomate

Risotto alle Acciughe e Pomodoro

Dieses Rezept ist ungewöhnlich für einen Risotto, denn wegen des sehr kräftigen Geschmacks der Sardellen benötigt man keinen Fond, sondern nur kochendes Wasser. Ist das Tomatenmark etwas fade, sollte man einige Sardellen weniger nehmen, damit der Tomatengeschmack nicht überdeckt wird. Am besten eignen sich Sardellen in Salzlake, da diese ein besseres Aroma als Sardellen in Öl haben. Man bekommt sie in Feinkostgeschäften.

FÜR 6 PERSONEN

2 große Zwiebeln, gehackt
4 EL natives Olivenöl extra
12 Sardellenfilets (in Salzlake eingelegt), abgespült, die Gräten entfernt, trockengetupft
4 EL Tomatenmark
4 EL gehackte frische glatte Petersilie
1 frisches Salbeiblatt
600 g Arborioreis
1 großes Glas trockener Weißwein
1,5 l kochend heißes Wasser
Frisch gemahlener schwarzer Pfeffer und eventell etwas Meersalz
50 g frisch geriebener Pecorino

Die Zwiebeln bei niedriger Temperatur im Olivenöl dünsten, bis sie sehr weich und glasig sind; während des Garens etwas Wasser hinzufügen, damit die Zwiebeln nicht karamellisieren. Dann die Sardellen hinzufügen und kräftig durchrühren, um Fisch und Zwiebeln gut miteinander zu vermischen. Das Tomatenmark zugeben und gründlich unterrühren. Nur so viel Wasser angießen, dass eine dicke Sauce entsteht, dann die Petersilie und das Salbeiblatt unterrühren. Den Deckel auflegen und alles etwa 15 Minuten köcheln lassen; von Zeit zu Zeit durchrühren.

Den Reis hinzufügen und unter Rühren einige Minuten erhitzen, bis er gut von der Sauce überzogen und sehr heiß ist. Den Wein zugeben und 1 Minute rühren. Dann mit dem Zufügen des kochenden Wassers beginnen. Eine Schöpfkelle heißes Wasser angießen, rühren und – wenn der Reis das Wasser aufgenommen hat – die nächste Schöpfkelle Wasser angießen. Den Reis auf diese Weise etwa 20 Minuten garen, bis er weich und gut gequollen ist. Mit Pfeffer abschmecken; da die Sardellen recht salzig sind, ist weiteres Salz vermutlich nicht erforderlich.

Den Risotto am Ende der Garzeit von der Kochstelle nehmen und den Pecorino unterrühren. Den Deckel auflegen und den Risotto 2–3 Minuten ruhen lassen. Dann auf einer vorgewärmten Platte anrichten und sofort servieren.

Risotto mit Aal

Risotto con l'Anguilla

Als ich noch ein Kind war, gingen wir in den Gräben rund um unser Haus auf Aalfang. Wir benutzten dazu umgedrehte Regenschirme, in die die Aale hineinschwammen und dann nicht mehr herauskamen. Damit die Aale ihren moderigen Geschmack verloren, hielten wir sie einen ganzen Monat lang in sauberem frischem Wasser, das gewissenhaft zweimal täglich erneuert wurde. Anschließend verkauften wir die Fische an nahe gelegene Restaurants, um unser Taschengeld aufzubessern. Da Aale am liebsten im Morast leben, sollte man unbedingt darauf achten, dass sie vor der Verwendung in der Küche gründlich gesäubert werden. Überdies hält sich roher Aal nicht und muss daher unmittelbar nach dem Kauf gegart werden. Für eine Abwandlung dieses Rezepts lässt sich der frische Aal durch Räucheraal ersetzen.

FÜR 4 PERSONEN

1 frischer Aal (etwa 600 g)
3 Knoblauchzehen, gehackt
1 Zwiebel, gehackt
1 Lorbeerblatt
3 EL natives Olivenöl extra
75 g Butter
1,25 l leichter kochend heißer Fischfond
400 g Arborioreis
Meersalz und frisch gemahlener schwarzer Pfeffer

Den Aal sorgfältig säubern und in grobe Stücke schneiden. Die Haut nicht abziehen. Den Knoblauch, die Zwiebel und das Lorbeerblatt im Olivenöl und der Hälfte der Butter braten, bis die Zwiebel weich ist. Die Aalstücke hinzufügen und behutsam garen. Den Fisch dazu mit etwas Fond begießen, aber nicht in Flüssigkeit ertränken. Wenn er sehr weich ist – die Garzeit hängt von der Dicke des Fischs ab –, den Aal herausnehmen und sorgfältig das Fleisch auslösen. Gräten und Haut wegwerfen.

Die Flüssigkeit aus dem Topf durch ein Sieb in einen zweiten sauberen Topf gießen und wieder zum Köcheln bringen. Den Reis hinzufügen und rühren, bis er die Flüssigkeit absorbiert hat. Dann den Aal zugeben und weiterrühren. Schöpfkellenweise weiteren Fischfond angießen und jeweils rühren, bis der Reis die Flüssigkeit aufgenommen hat, bevor erneut Fond hinzugefügt wird.

Den Reis auf diese Weise etwa 20 Minuten garen, bis der Risotto weich und samtig ist, die Körner aber noch bissfest sind. Den Risotto von der Kochstelle nehmen, die restliche Butter unterrühren und mit Salz und Pfeffer abschmecken. Den Deckel auflegen und den Risotto 2 Minuten ruhen lassen. Dann auf einer vorgewärmten Platte anrichten und sofort servieren.

Risotto mit Jakobsmuscheln

Risotto di Capesante

Verwenden Sie für dieses Rezept nach Möglichkeit keine tiefgefrorenen großen Jakobsmuscheln, sondern lebendfrische kleinere Exemplare, die ein süßeres Aroma besitzen. Außerdem dürfen Jakobsmuscheln nicht zu lange gegart werden, da sie sonst zäh wie Gummi werden.

FÜR 6 PERSONEN

1,5 kg möglichst lebendfrische Jakobsmuscheln, gründlich gesäubert
100 g Butter
4 EL Weinbrand
Meersalz und frisch gemahlener schwarzer Pfeffer
3 Schalotten, fein gehackt
500 g Risottoreis, vorzugsweise Carnaroli
1,5 l kochend heißer Fischfond
2 EL fein gehackte frische glatte Petersilie
3 EL Crème double

Die Muscheln mit der gewölbten Seite nach unten in einer Hand halten und einen Austernbrecher oder ein stabiles kurzes Messer am Scharnier zwischen die Schalen schieben. Die Schalen mit einer kräftigen Drehbewegung öffnen. Das Muschelfleisch sorgfältig von der oberen, flachen Schalenhälfte lösen. Die Schalen wegwerfen. Die orangefarbenen Rogensäcke (Corails) vom übrigen Muschelfleisch trennen und beiseite stellen. Das Fleisch großer Jakobsmuscheln halbieren. Die Hälfte der Butter erhitzen und das Muschelfleisch darin 2–3 Minuten auf jeder Seite braten. Mit dem Weinbrand übergießen und den Alkohol entzünden. Wenn die Flammen erloschen sind, die Muscheln mit Salz und Pfeffer würzen und die Pfanne von der Kochstelle nehmen. Bis zur Verwendung beiseite stellen.

Die verbliebene Butter in einem Topf erhitzen und die Schalotten darin weich dünsten. Den Reis hinzufügen und rühren, bis er sehr heiß ist und glänzt. Die erste Schöpfkelle heißen Fischfond angießen. Rühren und warten, bis der Reis die Flüssigkeit absorbiert hat, dann eine weitere Schöpfkelle Fischfond hinzufügen. Den Reis in dieser Weise etwa 15 Minuten kochen, bis er fast gar ist. Dann das Muschelfleisch mit seinem Saft, die Rogensäcke und die Petersilie zugeben. Alles durchrühren und den Reis, wie oben beschrieben, weitergaren.

Wenn der Risotto cremig und samtig, der Reis aber noch bissfest ist, den Topf von der Kochstelle nehmen. Die Crème double unterrühren, den Deckel auflegen und den Risotto 2 Minuten ruhen lassen. Dann auf einer vorgewärmten Platte anrichten und sofort servieren.

Risotto mit Garnelen

Risotto di Gamberetti

Ich weiß, dass die aufwendig herzustellende Garnelenbutter vielen überflüssig erscheinen mag, doch macht ihre Zubereitung wirklich Spaß – und das Ergebnis rechtfertigt die Arbeit allemal. Für eine schnellere und weniger arbeitsintensive Version eines Risotto mit Garnelen sei auf das nebenstehende Rezept verwiesen.

FÜR 4–6 PERSONEN

1 Möhre, fein gehackt
1 Zwiebel, gehackt
6 Stengel frische Petersilie, gehackt
1/2 Lorbeerblatt
200 g Butter
750 g rohe Garnelen in ihren Schalen
1/2 Glas Weinbrand
Eine Schüssel mit Eiswasser
3 EL natives Olivenöl extra
500 g Risottoreis, vorzugsweise Carnaroli
2 Glas trockener Weißwein
1,5 l kochend heißer Fischfond
Meersalz und frisch gemahlener schwarzer Pfeffer
Frisch geriebener Parmesan zum Servieren

Die Möhre und die Hälfte der Zwiebel zusammen mit der Petersilie und dem Lorbeerblatt in 40 g Butter weich dünsten. Die Garnelen abspülen, hinzufügen und einige Minuten garen, bis sie sich rosa färben; dabei immer wieder mit dem Weinbrand begießen. Den Topf von der Kochstelle nehmen. Die Garnelen herausheben, das Fleisch auslösen und getrennt von Schalen und Köpfen beiseite stellen.

Als Nächstes die Garnelenbutter zubereiten. Dazu alle Garnelenschalen und -köpfe sowie die übrigen Zutaten aus dem Topf im Mixer glatt pürieren. In einem Topf 120 g Butter bei niedriger Temperatur zerlassen. Das Garnelenpüree zugeben. Alles zu einer dicken Paste vermengen und anschließend in eine saubere Stoffserviette geben. Die Serviette kräftig ausdrücken, sodass die flüssige Butter durch den Stoff in eine Schüssel mit Eiswasser tropft. (Die Butter sammelt sich bereits nach kurzer Zeit an der Oberfläche.) Ist die Serviette gründlich ausgedrückt, den Inhalt wegwerfen. Die erstarrte Butter mit einem Schaumlöffel aus dem Eiswasser nehmen und beiseite stellen.

Die restliche Zwiebel in der verbliebenen Butter und dem Öl dünsten, bis sie weich und glasig ist. Den Reis zugeben und rühren, bis er heiß ist und glänzt. Dann mit dem Wein ablöschen und alles 1 Minute kochen lassen, damit der Alkohol verdampft. Anschließend mit der Zugabe des heißen Fonds beginnen. Rühren und warten, bis der Reis die Flüssigkeit absorbiert hat, bevor weiterer Fond angegossen wird. Den Reis etwa 20 Minuten in dieser Weise garen, bis der Risotto samtig und cremig ist, die Körner aber noch bissfest sind. Mit Salz und Pfeffer abschmecken. Den Topf von der Kochstelle nehmen und die Garnelenbutter und das Garnelenfleisch unterrühren. Mit aufgelegtem Deckel 2 Minuten ruhen lassen. Dann nochmals durchrühren, auf einer vorgewärmten Platte anrichten und sofort servieren. Parmesan getrennt dazu reichen.

Schneller Garnelenrisotto

Risotto di Gamberi Velocissimo

FÜR 4 PERSONEN

1 Zwiebel, sehr fein gehackt
1/4 Stange Bleichsellerie, sehr fein gehackt
75 g Butter
400 g Arborioreis
1/2 Flasche trockener Weißwein, etwa Pinot Grigio
1 l kochend heißer Hühner- oder Gemüsefond
450 g gegarte, aus der Schale gelöste Garnelen
50 g frisch geriebener Parmesan
2 EL gehackte frische glatte Petersilie
Meersalz und frisch gemahlener schwarzer Pfeffer

Die Zwiebel und den Bleichsellerie in der Hälfte der Butter weich dünsten. Den Reis unterrühren und erhitzen, bis er glasig und durch und durch heiß ist. Mit einem Glas Wein ablöschen und alles 1 Minute kochen lassen, damit der Alkohol verdampft. Dann glasweise den restlichen Wein angießen. Anschließend die erste Schöpfkelle heißen Fond hinzufügen. Dabei ununterbrochen rühren und jeweils warten, bis der Reis die Flüssigkeit aufgenommen hat, bevor Fond nachgegossen wird.

Ist auf diese Weise fast der gesamte Fond zugegeben, die Garnelen unterrühren, damit sie während der restlichen Garzeit heiß werden.

Nach etwa 20 Minuten, wenn der Risotto cremig und samtig, der Reis aber noch bissfest ist, den Topf von der Kochstelle nehmen. Die verbliebene Butter, den Parmesan und die Petersilie unterrühren. Mit Salz und Pfeffer abschmecken und den Risotto mit aufgelegtem Deckel 2 Minuten ruhen lassen. Nochmals durchrühren und zum Servieren auf einer vorgewärmten Platte anrichten.

Risotto mit Nordseegarnelen

Risotto di Gamberetti Bruni

Der Geschmack von frisch gekochten, süßen Nordseegarnelen erinnert mich stets an Teatime in Norfolk. Als ich dort wohnte, fuhr ich regelmäßig jeden Samstag nach Swaffham auf den Markt und kam – in der entsprechenden Jahreszeit – stets mit diesen köstlichen winzigen Garnelen zurück. Das Schälen von Nordseegarnelen ist zweifellos mühsam, doch lohnt sich die Mühe in jedem Fall. Ich servierte die Garnelen in Norfolk zumeist zum Fünfuhrtee mit Brot und Butter, weil es meine Mutter an ihre Kinderzeit in Brüssel erinnerte. Aus diesem Grund widme ich dieses Rezept meiner belgischen Großmutter, deren Namen man mir gab. Auch aus den Schalen dieser Garnelen lässt sich, wie auf Seite 102 beschrieben, Garnelenbutter zubereiten. Da Nordseegarnelen recht salzig sein können, sollte man sie vor dem Schälen sorgfältig abspülen.

FÜR 4–6 PERSONEN

1 Möhre, fein gehackt
1 Zwiebel, gehackt
6 Stengel frische Petersilie, gehackt
½ Lorbeerblatt
100 g Butter
750 geschälte, gegarte Nordseegarnelen (Granat)
1 großes Glas trockener Weißwein
500 g Risottoreis
1,5 l kochend heißer Fischfond
Meersalz und frisch gemahlener schwarzer Pfeffer
3 EL Crème double
1 EL fein geschnittener frischer Schnittlauch

Die Möhre und die Zwiebel mit der Petersilie und dem Lorbeerblatt in der Butter weich dünsten. Das Lorbeerblatt wegwerfen. Die Garnelen hinzufügen, den Wein angießen und die Garnelen darin wenden, bis sie heiß sind. Den Reis hinzufügen und rühren, bis er glänzt. Dann die erste Schöpfkelle heißen Fond zugeben. Wenn der Reis die Flüssigkeit aufgenommen hat, weiteren Fond angießen. Rühren und erst dann Flüssigkeit nachgießen, wenn der Reis den Fond absorbiert hat.

Den Reis in dieser Weise etwa 20 Minuten garen, bis der Risotto samtig und cremig ist, die Körner aber noch bissfest sind. Mit Salz und Pfeffer abschmecken und die Crème double unterrühren. Den Deckel auflegen und den Risotto 2 Minuten ruhen lassen. Dann durchrühren und den Schnittlauch unterziehen. Auf einer vorgewärmten Platte anrichten und sofort servieren.

Risotto mit Miesmuscheln

Risotto con le Cozze

Mit ein paar schönen Muschelschalen garniert, wirkt dieses Gericht optisch äußerst ansprechend.

FÜR 4 PERSONEN

1,25 kg lebendfrische Miesmuscheln, gründlich gesäubert
600 g reife, weiche Tomaten
2 Knoblauchzehen, fein gehackt
6 EL natives Olivenöl extra
500 g Arborioreis
1,2 l kochend heißer Fischfond
Eine Hand voll frische glatte Petersilie, fein gehackt
Meersalz und frisch gemahlener schwarzer Pfeffer
25 g Butter

Alle Muscheln mit zerbrochenen Schalen sowie geöffnete Muscheln, die sich beim Daraufklopfen nicht schließen, aussortieren und wegwerfen. Die Muscheln in einen breiten flachen Topf mit etwas Wasser geben. Den Deckel auflegen und den Topf bei mittlerer bis starker Hitze auf die Kochstelle setzen. Die Muscheln etwa 8 Minuten garen und dabei den Topf immer wieder kräftig rütteln, damit sie sich öffnen können. Alle Muscheln, die dann noch geschlossen sind, wegwerfen, unter keinen Umständen mit Gewalt öffnen. Die Muscheln herausnehmen und das Fleisch aus den Schalen lösen. Einige besonders schöne Muschelschalen zum Garnieren aufbewahren. Die Muschelflüssigkeit durch ein sehr feines Sieb gießen.

Als Nächstes die Tomaten durch ein normales Küchensieb oder ein Passiersieb streichen. Dann den Knoblauch im Öl goldgelb dünsten und den Reis hinzufügen. Rühren, bis der Reis durch und durch heiß und gut von Öl und Knoblauch überzogen ist. Die Muschelflüssigkeit und die passierten Tomaten zugeben. Rühren, bis der Reis die Flüssigkeit absorbiert hat, dann nach und nach schöpfkellenweise den heißen Fond angießen. Dabei ständig rühren und immer erst dann Flüssigkeit nachgießen, wenn der Reis den Fond vollständig aufgenommen hat. Den Reis etwa 10 Minuten in dieser Weise kochen, bis er halb gar ist, dann das Muschelfleisch und die Petersilie zugeben. Mit Salz und Pfeffer würzen und den Reis, wie oben beschrieben, weitergaren.

Wenn der Risotto cremig und samtig, der Reis aber noch bissfest ist, den Topf von der Kochstelle nehmen und die Butter unterrühren. Den Deckel auflegen und den Risotto 1 Minute ruhen lassen. Dann auf einer vorgewärmten Platte anrichten, mit den zurückbehaltenen Muschelschalen garnieren und sofort servieren.

Risotto mit Languste

Risotto all'Aragosta

Am aromatischsten wird der Langustenfond, wenn man die Panzer mit einem Stößel im Mörser zerkleinert. Ohne den kräftigen Langustenfond bekommt der Risotto ein weitaus weniger ausgeprägtes Aroma. Nach dem gleichen Rezept lässt sich auch ein Risotto mit Krabben (siehe folgendes Rezept) zubereiten. Um die gleiche Menge an Fleisch zu erhalten, benötigt man ungefähr drei sehr große Krabben.

FÜR 4–6 PERSONEN

2 mittelgroße gekochte Langusten, halbiert
100 g Butter
1 Stange Bleichsellerie, grob gehackt
1 Möhre, grob gehackt
1 Zwiebel, grob gehackt
Eine Hand voll frische glatte Petersilie, grob gehackt
1 Stengel frischer Estragon
4 EL Marsala oder Weinbrand
1 l Wasser
Meersalz oder frisch gemahlener schwarzer Pfeffer
1 l Fischfond
2 Schalotten, sehr fein gehackt
500 g Risottoreis, vorzugsweise Carnaroli
Einige Tropfen Tabascosauce
5 EL Crème double

Als Erstes den Fond zubereiten, der so aromatisch wie möglich sein muss. Dazu zunächst das helle und dunkle Fleisch aus den halbierten Langusten auslösen. Das Langustenfleisch – und falls vorhanden – den Rogen beiseite stellen. Darm, Kiemen, Leber und Magen wegwerfen. Langustenpanzer und -schalen im Mörser zu einem groben Püree zerstoßen und mit der Hälfte der Butter, dem Bleichsellerie, der Möhre, der Zwiebel und den Kräutern in einen hohen Topf geben. Die Zutaten braten, bis das Gemüse weich ist, dann mit dem Marsala oder dem Weinbrand ablöschen. Den Alkohol entzünden und warten, bis die Flammen erloschen sind. Dann das Wasser dazugießen. Mit Salz und Pfeffer würzen und alles etwa 1 Stunde im offenen Topf köcheln lassen; von Zeit zu Zeit umrühren. Den Langustenfond abkühlen lassen und durch ein feines Sieb gießen. Es sollten etwa 500 ml sehr aromatischer Fond vorhanden sein.

Den Fischfond und den Langustenfond in getrennten Töpfen zum Köcheln bringen. In einem dritten Topf die Schalotten in der restlichen Butter weich dünsten. Den Reis hinzufügen und rühren, bis er glänzt und durch und durch heiß ist. Eine Schöpfkelle heißen Langustenfond dazugießen und rühren, bis der Reis die Flüssigkeit absorbiert hat. Dann eine

Schöpfkelle Fischfond, als nächstes Langustenfond, dann wieder Fischfond usw. angießen. Den Reis in dieser Weise etwa 10 Minuten kochen, bis er halb gar ist. Das gesamte Langustenfleisch und den Rogen hinzufügen, alles gründlich durchrühren und den Reis, wie oben beschrieben, weitergaren.

Wenn der Risotto cremig, weich und samtig, der Reis aber noch bissfest ist, den Topf von der Kochstelle nehmen und die Tabascosauce und die Crème double unterrühren. Mit Salz und Pfeffer abschmecken, durchrühren und den Deckel auflegen. Den Risotto etwa 3 Minuten ruhen lassen. Dann auf einer vorgewärmten Platte anrichten und sofort servieren.

Risotto mit Meeresfrüchten

Risotto ai Frutti di Mare

Die Rezeptangaben liefern einen Anhaltspunkt für die richtige Menge an Zutaten zu dieser Sinfonie an Aromen, doch sollen sie Ihre Kreativität in keiner Weise einschränken. Variieren Sie den Risotto mit anderen Meeresfrüchten, die Ihnen geeignet erscheinen und im fertigen Gericht schön aussehen.

FÜR 4–6 PERSONEN

450 g Raue Venusmuscheln in der Schale (lebendfrisch oder Tiefkühlware)
1 Flasche trockener Weißwein
450 g lebendfrische Miesmuscheln
150 ml natives Olivenöl extra
225 g weißfleischiger magerer Fisch, filetiert
Meersalz und frisch gemahlener schwarzer Pfeffer
225 g rohe kleine Garnelen in ihren Schalen
225 g roher Kaisergranat oder rohe Riesengarnelen, nicht ausgelöst
1,2 l kochend heißer kräftiger Fischfond
1 gekochter Meereskrebs (Krabbe), aufgebrochen
½ getrocknete rote Chili, fein gehackt
3 Knoblauchzehen, fein gehackt
3 EL gehackte frische Petersilie
500 g Risottoreis, vorzugsweise Carnaroli

Alle rohen Meeresfrüchte müssen zunächst gründlich gewaschen und gesäubert und anschließend getrennt gegart werden. Alle Muscheln mit zerbrochenen Schalen sowie geöffnete Muscheln, die sich beim Daraufklopfen nicht schließen, aussortieren und wegwerfen.

Die Venusmuscheln mit einem Glas Wein in einen großen Topf geben und bei mittlerer Hitze etwa 6 Minuten garen, bis sie sich öffnen; den Topf dabei immer wieder kräftig rütteln. Alle Muscheln, die geschlossen bleiben, wegwerfen. Drei Viertel der Venusmuscheln aus ihren Schalen lösen und das Muschelfleisch zusammen mit den übrigen Venusmuscheln beiseite stellen. Die Garflüssigkeit aus dem Topf durch ein feines Sieb in eine Schüssel gießen. Die Miesmuscheln in gleicher Weise garen und vorbereiten.

In einer Bratpfanne 2 Esslöffel Öl erhitzen und den Fisch darin auf beiden Seiten etwa 5 Minuten braten, bis er gar ist; den Fisch dabei mit etwas Wein begießen, damit er schön saftig bleibt. Mit Salz und Pfeffer würzen und grob zerpflücken; die Haut wegwerfen. Bis zur Verwendung beiseite stellen.

In einer zweiten Pfanne 3 Esslöffel Öl erhitzen und die kleinen Garnelen darin kurz braten, bis sie leuchtend rosa und gar sind; dabei häufig wenden und mit etwas Wein begießen. Die Garnelen aus den Schalen lösen und beiseite stellen. Die Schalen und Köpfe der Garnelen in den köchelnden Fischfond geben.

Weitere 3 Esslöffel Öl erhitzen und den Kaisergranat (oder die Riesengarnelen) darin kurz braten, bis sie rosarot und gar sind; auch diese häufig wenden und mit etwas Wein begießen. Den Kaisergranat aus der Pfanne nehmen. Beine und Scheren abbrechen. Das Fleisch aus den Panzern herauslösen und beiseite stellen. Alle ungenießbaren Teile wie Magen, Darm und Kiemen wegwerfen. Panzer, Scheren und Beine vom Kaisergranat zum Fischfond in den Topf geben. (Bei Verwendung von Riesengarnelen lediglich die Hälfte der Tiere aus ihren Schalen lösen und die andere Hälfte ungeschält lassen. Die Schalen zum Fischfond in den Topf geben.)

Das dunkle und helle Fleisch der Krabbe aus dem Panzer lösen und mit den Scheren beiseite stellen. Den Krabbenpanzer, die Eingeweide oder anderen Abfall der Krabbe wegwerfen, auf keinen Fall in den Fischfond geben.

Den Fond durch ein Sieb gießen und wieder zum Köcheln bringen.

Nun im verbliebenen Öl die Chili, den Knoblauch und die Petersilie 2 Minuten dünsten. Den Reis hinzufügen und rühren, bis er sehr heiß ist und glänzt. Mit einem Glas Wein ablöschen, rühren und 2 Minuten kochen lassen, damit der Alkohol verdampft. Die Garflüssigkeit der Muscheln zugeben, rühren und warten, bis der Reis die Flüssigkeit aufgenommen hat. Dann unter ständigem Rühren abwechselnd etwas Wein und Fischfond angießen und wiederum jeweils warten, bis der Reis die Flüssigkeit absorbiert hat. Ist der Wein aufgebraucht, nur noch Fond angießen. Den Reis in dieser Weise etwa 12 Minuten kochen. Dann das ausgelöste Fleisch sowie die nicht ausgelösten Teile der Meeresfrüchte, den Fisch und die Scheren der Krabbe hinzufügen. Alles gründlich durchheben und den Reis, wie oben beschrieben, weitergaren. Wenn der Reis cremig, aber noch bissfest ist, den Risotto auf einer vorgewärmten Platte anrichten, sodass die Krabbenscheren und die Meeresfrüchte in den Schalen oben auf dem Reis liegen. Sofort servieren.

Fiammettas Risotto

Il Risotto di Fiammetta

Von allen raffinierten Risotti ist dies vermutlich mein Lieblingsrezept. Meine Mutter Fiammetta hat es in all den Jahren so oft gekocht, dass es zu einem Familienrezept geworden ist. Der fertig gegarte Risotto muss recht flüssig sein.

FÜR 6 PERSONEN

2 kg lebendfrische Miesmuscheln, gründlich gesäubert
1 kg Raue Venusmuscheln in der Schale (lebendfrisch oder Tiefkühlware), gründlich gesäubert
1 Zwiebel, gehackt
2 Stangen Porree, nur die weißen Teile, gehackt
50 g Butter
4 EL trockener Weißwein
3 große süße, weiche Tomaten, enthäutet, die Samen entfernt, grob gehackt
500 g Risottoreis
1,5 l heißes Wasser
Meersalz und frisch gemahlener schwarzer Pfeffer
1 TL gemahlener Safran
1 Lorbeerblatt
1 Bund frische Petersilie

Alle Muscheln mit zerbrochenen Schalen sowie geöffnete Muscheln, die sich beim Daraufklopfen nicht schließen, aussortieren und wegwerfen. Beide Muschelsorten in einen großen Topf geben, den Deckel auflegen und den Topf bei mittlerer Hitze auf die Kochstelle setzen. Während des Garens immer wieder kräftig rütteln. Alle Muscheln, die nach etwa 8 Minuten noch geschlossen sind, wegwerfen. Das Muschelfleisch aus den Schalen lösen und beiseite stellen. Die Flüssigkeit aus dem Topf durch ein Mulltuch gießen und ebenfalls beiseite stellen.

Die Zwiebel und den Porree in der Butter weich dünsten. Dann den Wein angießen und den Alkohol verdampfen lassen. Die Tomaten, die Muschelflüssigkeit und den Reis hinzufügen und alles gründlich durchrühren. Das heiße Wasser auf einmal dazugießen, mit Salz und Pfeffer würzen und den Safran, das Lorbeerblatt und die Petersilie zugeben. Durchrühren und alles etwa 20 Minuten köcheln lassen, bis der Reis weich und der Risotto cremig ist. Das Muschelfleisch hinzufügen und heiß werden lassen. Lorbeerblatt und Petersilie herausnehmen und den Risotto sofort auf einer vorgewärmten Platte servieren.

Risotto mit Tintenfisch

Risotto con le Seppie

Das Säubern von Tintenfischen ist eine unangenehme Arbeit, die viel Schmutz verursacht und bei kleinen Tieren zudem viel Zeit in Anspruch nimmt. Am besten überlässt man das Ganze daher dem Fischhändler und kauft küchenfertigen Tintenfisch. Tintenfisch wird entweder weich, wenn man ihn nur kurz gart, oder aber, wenn man ihn lange schmort. Bei diesem Rezept muss der Tintenfisch weich sein, bevor der Reis zugefügt wird.

FÜR 6 PERSONEN

400 g frischer oder aufgetauter tiefgekühlter Tintenfisch
2 Zwiebeln, fein gehackt
2–4 Knoblauchzehen, fein gehackt
75 ml Olivenöl
1 großes Glas trockener Weißwein
Meersalz und frisch gemahlener schwarzer Pfeffer
1 TL Tomatenmark
300 g Risottoreis
2 l kochend heißer Gemüse- oder Fischfond
Eine Hand voll gehackte frische Petersilie

Die Tintenfische abspülen. Den Kopf mit den Fangarmen behutsam aus den Körpermänteln herausziehen. (Vorsicht wegen auslaufender Tinte.) Die Kauwerkzeuge zwischen den Fangarmen freilegen und abschneiden. Die Tintenfischmäntel von den Eingeweiden befreien, die Kalkschale herausdrücken und die Haut abziehen. Köpfe, Kauwerkzeuge, Eingeweide, Kalkschale und Haut wegwerfen. Die Mäntel und Fangarme gründlich abspülen, in kleine Stücke schneiden und sorgfältig trockentupfen.

Die Zwiebeln und den Knoblauch im Öl dünsten, bis die Zwiebeln weich, aber nicht gebräunt sind. Den Tintenfisch hinzufügen und etwa 10 Minuten behutsam garen; dabei mit dem Wein begießen und immer wieder durchheben. Sobald der Tntenfisch weich ist, mit Salz und Pfeffer würzen, das Tomatenmark unterrühren und den Reis hinzufügen. (Den Reis auf keinen Fall zugeben, bevor der Tintenfisch weich ist.) Nach und nach jeweils eine Schöpfkelle heißen Fond angießen und rühren, bis der Reis die Flüssigkeit absorbiert hat. Erst dann erneut eine kleine Menge Fond hinzufügen.

Den Reis in dieser Weise etwa 20 Minuten kochen, bis er weich ist. Dann den Topf von der Kochstelle nehmen, den Deckel auflegen und den Risotto etwa 3 Minuten ruhen lassen. In einer vorgewärmten Servierschüssel anrichten, mit der Petersilie bestreuen und sofort servieren.

Schwarzer Risotto mit Tintenfisch

Risotto Nero alle Seppie

Tintenfische mit ihren Tintenbeuteln gibt es bei Fischhändlern zu kaufen, doch bekommt man beides auch getrennt, wobei die Tinte in kleine Beutel abgefüllt ist.

FÜR 4–6 PERSONEN

750 g Tintenfische mit Tintenbeuteln
1,2 l kochend heißer Fischfond
$^1/_2$ Zwiebel, fein gehackt
1 Knoblauchzehe, fein gehackt
3 EL natives Olivenöl extra
500 g Risottoreis, vorzugsweise Vialone Nano
120 ml trockener Weißwein
1 EL Butter
3 EL fein gehackte frische glatte Petersilie
Meersalz und frisch gemahlener schwarzer Pfeffer

Die Tintenfische abspülen und behutsam aus jedem Körpermantel den Kopf mit den Fangarmen herausziehen. Vorsichtig die Tintenbeutel von den Köpfen lösen, damit sie nicht platzen. In ein Sieb über einer kleinen Schüssel legen und mit dem Rücken eines Teelöffels die Tinte herausdrücken. Einige Esslöffel Fischfond über die Tintenbeutel gießen und abtropfen lassen, um die restliche Tinte herauszuspülen. Die Köpfe wegwerfen. Die Fangarme öffnen und die Kauwerkzeuge freilegen, abschneiden und wegwerfen. Die Tintenfischmäntel von den Eingeweiden befreien, die Kalkschale herausdrücken und die Haut abziehen. Die Eingeweide, Schalen und Häute wegwerfen. Die Mäntel gründlich abspülen. Das Fleisch von Mänteln und Fangarmen in dünne Ringe und Streifen schneiden.

Die Zwiebel und den Knoblauch im Öl dünsten, bis die Zutaten weich und glasig, aber nicht gebräunt sind. Das Tintenfischfleisch zugeben und etwa 20 Minuten behutsam garen, bis es weich ist; wenn nötig, während des Garens etwas Fond angießen. Dann den Reis hinzufügen und alles gründlich durchrühren. Wenn die Reiskörner leicht angeröstet, aber noch nicht gebräunt sind, den Wein und die Tinte dazugießen und rühren, bis die Zutaten heiß sind. Dann schöpfkellenweise den heißen Fond hinzufügen und jeweils rühren, bis der Reis die Flüssigkeit absorbiert hat. Erst dann weiteren Fond nachgießen.

Wenn der Reis nach 18–20 Minuten gar ist, den Topf von der Kochstelle nehmen. Die Butter und die Petersilie unterrühren und mit Salz und Pfeffer abschmecken. Den Deckel auflegen und den Risotto 2–3 Minuten ruhen lassen. Dann nochmals durchrühren und zum Servieren auf vorgewärmten Portionstellern oder einer vorgewärmten Platte anrichten.

PARMA

5 Fleisch

Bei der Zubereitung eines Risotto mit Fleisch spielt die Frage, welchen Fond man am besten verwendet, eine noch größere Rolle als bei anderen Risotti. Würden Sie beispielsweise für den Lammrisotto mit Zucchini eher einen Gemüsefond oder einen Lammfond wählen? Und wie kräftig muss wohl der Wildfond für den Risotto mit Wildschwein sein? Diese Fragen und zweifellos noch unzählige andere kann ich Ihnen nur schwer beantworten, solange ich nicht neben Ihnen in der Küche stehe, während Sie kochen!

Ich habe es bereits oft gesagt und kann es hier nur noch einmal betonen: Was einen guten Koch von einem erstklassigen Koch unterscheidet, sind nicht die Kochtechniken, die man sich aneignen kann, sondern der Instinkt und das Gespür, die man nicht erlernen kann. Gesunder Menschenverstand und Erfahrung sind ebenfalls nützlich! Kosten Sie also Ihren Fond und überlegen Sie, ob er den Geschmack des Fleisches hebt oder überdeckt, und treffen Sie dann Ihre Entscheidung. Denken Sie daran, dass sich das Aroma des Fonds verändern lässt, indem man ihn entweder mit Wasser verdünnt oder durch kräftiges Kochen reduziert. Haben Sie den Fond erst einmal zum Reis in den Topf gegeben, ist es für beide dieser Möglichkeiten allerdings zu spät.

Die Klassiker, die in diesem Kapitel nicht fehlen dürfen, sind der Klassische Safranrisotto nach Mailänder Art (Seite 121), der Risotto mit Hühnerleber (Seite 137), der Risotto der Wächter der Markusrepublik (Seite 124) und die beiden Risotti mit Ragout (Seite 117 und 118). Ich weiß, dass Bries nicht jedermanns Sache ist, aber ich musste den Risotto mit Kalbsbries (Seite 136) in diese Rezeptsammlung aufnehmen, weil er einfach köstlich schmeckt.

Risotto mit weißem Ragout

Risotto al Ragù Bianco

Für dieses Rezept eignet sich jedes helle Fleisch, etwa von Huhn, Pute, Kaninchen oder Kalb. Man kann es auch mit Lammfleisch zubereiten, doch ist dann das Ergebnis ein völlig anderes. Einen richtigen Lammrisotto finden Sie auf Seite 120. Der Begriff „weiß" im Rezeptnamen bezieht sich übrigens auf die Tatsache, dass keine Tomaten verwendet werden.

FÜR 4 PERSONEN

1 Zwiebel, gehackt
1 Stange Bleichsellerie, gehackt
75 g Butter
400 g Hühner-, Puten- oder Kaninchenfleisch ohne Knochen, in Würfel geschnitten
Abgeriebene Schale und Saft von 1/2 unbehandelten Zitrone
1 Glas trockener Weißwein
Meersalz und frisch gemahlener schwarzer Pfeffer
400 g Risottoreis
1,2 l kochend heißer Hühnerfond
5 EL Sahne
50 g frisch geriebener Parmesan
2 TL gehackte frische Petersilie

Die Zwiebel und den Bleichsellerie in der Hälfte der Butter weich dünsten. Das Fleisch hinzufügen und anbraten, bis es rundum gebräunt ist. Dann die Zitronenschale und den -saft zugeben. Den Wein angießen, mit Salz und Pfeffer würzen und alles etwa 15 Minuten köcheln lassen, bis das Fleisch weich ist; wenn nötig, etwas heißen Hühnerfond zugeben.

Den Reis hinzufügen und gründlich durchrühren. Dann unter ständigem Rühren schöpfkellenweise heißen Fond zugießen und jeweils warten, bis der Reis die Flüssigkeit aufgenommen hat, bevor erneut Fond nachgegossen wird. Nach der Hälfte der Garzeit mit Salz und Pfeffer abschmecken.

Nach etwa 20 Minuten, wenn der Risotto cremig und samtig, der Reis aber noch bissfest ist, den Topf von der Kochstelle nehmen und die restliche Butter, die Sahne und den Parmesan unterrühren. Den Deckel auflegen und den Risotto 2–3 Minuten ruhen lassen. Dann auf einer vorgewärmten Platte anrichten, mit der Petersilie bestreuen und sofort servieren.

Risotto mit Hackfleischsauce

Risotto al Ragù con Pomodoro

Für diesen Risotto benötigt man eine kräftige Hackfleischsauce. Nehmen Sie sich deshalb viel Zeit für die Zubereitung und kochen Sie die Sauce einen Tag im Voraus, damit sich die Aromen während der Ruhezeit entfalten können.

FÜR 6 PERSONEN

1 Möhre, gehackt
1 Stange Bleichsellerie, gehackt
1 Zwiebel, gehackt
4 EL natives Olivenöl extra
1 Scheibe luftgetrockneter Schinken, klein geschnitten
250 g gehacktes Rind- oder Kalbfleisch
1 Glas trockener Rotwein
400 g passierte Tomaten (Passata, Fertigprodukt)
1/2 Lorbeerblatt
Meersalz und frisch gemahlener schwarzer Pfeffer
500 g Risottoreis
1,5 l kochend heißer Hühner- oder Rinderfond
25 g Butter
50 g frisch geriebener Parmesan

Als erstes die Hackfleischsauce kochen – am besten einen Tag im Voraus. Dazu die Möhre, den Bleichsellerie und die Zwiebel zusammen mit dem Schinken im Öl garen, bis das Gemüse weich ist. Das Hackfleisch und den Wein hinzufügen und die Zutaten unter Rühren erhitzen, bis der Alkohol verdampft und das Fleisch gebräunt ist. Dann die passierten Tomaten und das halbe Lorbeerblatt hinzufügen und mit Salz und Pfeffer würzen. Den Deckel auflegen und alles etwa 2 Stunden köcheln lassen, bis eine kräftige, dicke Sauce entstanden ist, die am Topfrand leuchtend orange ist.

Wird die Sauce im Voraus gekocht, den Topf von der Kochstelle nehmen, die Sauce abkühlen lassen, bis zur Verwendung in den Kühlschrank stellen und dann wieder aufkochen. Anderenfalls nun den Reis zugeben und rühren, bis der Reis sehr trocken aussieht. Dann unter ständigem Rühren schöpfkellenweise heißen Fond dazugießen und jeweils warten, bis der Reis die Flüssigkeit aufgenommen hat, bevor eine weitere Schöpfkelle Fond hinzugefügt wird. Den Reis auf diese Weise etwa 20 Minuten kochen und darauf achten, dass erst dann Flüssigkeit nachgegossen wird, wenn der Reis den Fond vollständig absorbiert hat. Wenn der Risotto cremig und samtig, der Reis aber noch bissfest ist, den Topf von der Kochstelle nehmen. Das Lorbeerblatt entfernen und die Butter und den Parmesan unterrühren. Mit Salz und Pfeffer abschmecken. Den Deckel auflegen und den Risotto etwa 3 Minuten ruhen lassen. Dann auf einer vorgewärmten Platte anrichten und sofort servieren.

Lammrisotto mit Zucchini

Risotto d'Agnello con Zucchine

Dieser Risotto mit seinem angenehm süßen Aroma ist sehr sättigend und eignet sich – wie viele andere Fleischrisotti – gut als Hauptgericht, zu dem man einen knackigen grünen Salat servieren kann.

FÜR 4 PERSONEN

1 Zwiebel, gehackt
1 Stange Bleichsellerie, gehackt
2 Zucchini, in Würfel geschnitten
75 g Butter
250 g magere Lammsteaks, in Würfel geschnitten
1 Glas trockener Weißwein
400 g Arborioreis
1,2 l kochend heißer Hühner- oder Gemüsefond
2 EL fein gehackte frische Minze
3 EL frisch geriebener Pecorino
Meersalz und frisch gemahlener schwarzer Pfeffer

Die Zwiebel, den Bleichsellerie und die Zucchini in der Hälfte der Butter weich dünsten. Das Lammfleisch hinzufügen und rundum anbraten. Mit dem Wein ablöschen und 1 Minute kochen lassen, damit der Alkohol verdampft.

Den Reis zugeben und alles gründlich durchheben. Dann nach und nach den heißen Fond dazugießen. Jeweils nur eine Schöpfkelle Flüssigkeit hinzufügen und rühren, bis der Reis den Fond absorbiert hat, bevor weitere Flüssigkeit nachgegossen wird.

Den Reis in dieser Weise kochen, bis der Risotto cremig und samtig ist, die Körner aber noch bissfest sind. Hat er dieses Stadium erreicht, den Topf von der Kochstelle nehmen und die restliche Butter, die Minze und den Pecorino unterrühren. Mit Salz und Pfeffer abschmecken und den Deckel auflegen. Den Risotto einige Minuten ruhen lassen, dann auf einer vorgewärmten Platte anrichten und sofort servieren.

Klassischer Safranrisotto nach Mailänder Art

Risotto alla Milanese Classico

Das traditionelle Rezept für diesen äußerst beliebten Risotto enthält Rindermark, das im Zuge der BSE-Diskussion zu einer sehr umstrittenen Zutat geworden ist. Es bietet sich die Möglichkeit, für dieses Rezept Rindermark von Tieren aus alternativer Haltung zu verwenden. Eine einfachere Version des Rezeptes (die kein Rindermark enthält) finden Sie auf Seite 88. Der Fond für diesen Risotto wird traditionell aus Kalb, Rind oder Huhn und verschiedenen Gemüsen, jedoch keinesfalls Tomaten gekocht.

FÜR 6 PERSONEN

$^1/_2$ Zwiebel, fein gehackt
100 g Butter
40 g rohes Rindermark, gehackt
500 g Risottoreis, vorzugsweise Vialone Gigante
1,5 l kochend heißer kräftiger Fond
1 Döschen gemahlener Safran
50 g frisch geriebener Parmesan
Meersalz und frisch gemahlener schwarzer Pfeffer
Frisch geriebener Parmesan zum Servieren

Die Zwiebelstückchen etwa 10 Minuten in kaltes Wasser geben, dann das Wasser abgießen und die Zwiebelstückchen in einer Stoffserviette ausdrücken. Die Zwiebel mit der Hälfte der Butter und dem Rindermark in den Topf geben und dünsten, bis sie weich ist.

Den Reis hinzufügen und rühren, bis er durch und durch heiß, aber noch nicht gebräunt ist. Dann mit der Zugabe des heißen Fonds beginnen. Dabei ständig rühren und jeweils warten, bis der Reis die Flüssigkeit aufgenommen hat, bevor weiterer Fond hinzugefügt wird. Nach etwa 10 Minuten, wenn der Reis halb gar ist, den Safran zugeben, gründlich unterrühren und den Reis, wie oben beschrieben, weitergaren.

Wenn der Risotto cremig und samtig, der Reis aber noch bissfest ist, den Topf von der Kochstelle nehmen. Die restliche Butter und den Parmesan unterrühren. Mit Salz und Pfeffer abschmecken. Den Deckel auflegen und den Risotto einige Minuten ruhen lassen. Dann nochmals durchrühren und auf einer vorgewärmten Platte anrichten. Sofort servieren und geriebenen Parmesan getrennt dazu reichen.

Sardischer Safranrisotto

Risotto Sardo allo Zafferano

Dieser ungewöhnliche Risotto stammt aus Sardinien, wo Reis nur in geringem Umfang angebaut wird und daher eine eher untergeordnete Rolle in der Regionalküche spielt. Auch Safran wächst auf dieser wunderschönen Insel, doch taucht er in sardischen Rezepten leider nur selten auf. Sardinien ist die einzige Region Italiens, wo Safran nicht als Pulver, sondern in Form von Fäden verwendet wird. Man serviert diesen Risotto mitunter zu *Ossobucco*.

FÜR 6 PERSONEN

75 g Schweineschmalz
1 große Zwiebel, fein gehackt
300 g Schweineschulter oder Dicke Rippe, in kleine Würfel geschnitten
1/2 Glas trockener Weißwein
300 g frische, saftige reife Tomaten, enthäutet und grob gehackt
1 große Prise Safranfäden, in etwas warmem Wasser eingeweicht
500 g Risottoreis
1,5 l kochend heißer Schweinefond
50 g frisch geriebener Pecorino
Meersalz und frisch gemahlener schwarzer Pfeffer

Die Zwiebel im Schweineschmalz weich dünsten. Das Schweinefleisch hinzufügen, mit dem Wein begießen und garen, bis das Fleisch rundum gebräunt ist. Die Tomaten zugeben, alles gründlich durchrühren und die Safranfäden mit dem Einweichwasser hinzufügen. Das Fleisch etwa 1 Stunde leise köcheln lassen, bis es auseinander fällt; wenn nötig, während des Garens etwas Fond angießen.

Den Reis zugeben und rühren, bis er durch und durch heiß ist. Dann unter ständigem Rühren mit der Zugabe des heißen Fonds beginnen. Dazu jeweils eine kleine Menge Fond angießen und rühren, bis der Reis die Flüssigkeit absorbiert hat, bevor weiterer Fond hinzugefügt wird.

Den Reis in dieser Weise kochen, bis der Risotto cremig und samtig ist, die Körner aber noch bissfest sind. Den Topf von der Kochstelle nehmen, den Pecorino unterrühren, mit Salz und Pfeffer abschmecken und den Deckel auflegen. Den Risotto 2–3 Minuten ruhen lassen. Dann nochmals durchrühren und auf einer vorgewärmten Platte anrichten. Etwas Pfeffer darüber mahlen und sofort servieren.

Risotto der Wächter der Markusrepublik

Risotto alla Sbirraglia

Dieses Rezept ist auch als *Sbirri* bekannt. Es ist ein typisch venezianischer Risotto, sehr feucht und flüssig, aber auch sehr gehaltvoll und sättigend.

FÜR 4 PERSONEN

1/2 Zwiebel, fein gehackt
100 g Butter
500 g Hühnerfleisch ohne Haut und Knochen, in Würfel geschnitten
1 Glas trockener Weißwein
400 g Risottoreis, vorzugsweise Vialone Gigante
1,2 l kochend heißer kräftiger Hühnerfond
75 g frisch geriebener Parmesan
Meersalz und frisch gemahlener schwarzer Pfeffer

Die Zwiebel in der Hälfte der Butter goldgelb dünsten. Das Hühnerfleisch hinzufügen und sehr behutsam braten, bis es leicht gebräunt ist. Mit dem Wein ablöschen und etwa 2 Minuten kochen lassen, damit der Alkohol verdampft.

Den Reis zugeben und rühren, bis er heiß ist und glänzt. Die Temperatur herunterschalten und unter ständigem Rühren nach und nach schöpfkellenweise den heißen Fond hinzufügen. Immer warten, bis der Reis die Flüssigkeit absorbiert hat.

Den Reis in dieser Weise etwa 20 Minuten kochen, bis der Fond aufgebraucht und der Reis gar ist. Die verbliebene Butter und die Hälfte des Parmesan unterrühren. Mit Salz und Pfeffer abschmecken. Den Topf von der Kochstelle nehmen und den Deckel auflegen. Den Risotto etwa 3 Minuten ruhen lassen. Dann auf einer vorgewärmten Platte anrichten, mit dem restlichen Parmesan bestreuen und servieren.

Risotto mit Froschschenkeln

Risotto alle Rane

Froschschenkel sollte man unbedingt küchenfertig kaufen, da das Vorbereiten und Säubern recht schwierig und zeitraubend ist. Ich kenne zwei Versionen dieses sehr beliebten Risotto, eine aus Mailand, die andere aus dem Piemont. Das hier aufgeführte Rezept ist eine Kombination beider Varianten.

FÜR 6 PERSONEN

1 kg Froschschenkel, gesäubert und enthäutet
2 Zwiebeln
1 Stange Bleichsellerie, in vier Stücke geschnitten
Meersalz und frisch gemahlener schwarzer Pfeffer
100 g Butter
2 Knoblauchzehen, gehackt
120 ml kochend heißer Rinderfond
Eine große Hand voll frische glatte Petersilie, gehackt
500 g Risottoreis

In einem Topf gesalzenes Wasser zum Kochen bringen. Die Froschschenkel darin 5–6 Minuten garen, bis sich das Fleisch mühelos von den Knochen ablösen lässt. Die Froschschenkel mit einem Schaumlöffel herausnehmen. Das Fleisch ablösen und beiseite stellen. Die Knochen zurück ins Wasser geben; daraus wird der Fond gekocht. Eine Zwiebel in Viertel schneiden und davon zwei zusammen mit dem Bleichsellerie zum Fond geben. Mit Salz und Pfeffer würzen, zum Kochen bringen und etwa 30 Minuten köcheln lassen. Durch ein Sieb in einen sauberen Topf gießen und wieder zum Köcheln bringen.

In der Zwischenzeit die verbliebenen Zwiebelviertel zusammen mit dem Knoblauch und dem Fleisch der Froschschenkel in der Hälfte der Butter braten. Wenn die Zwiebeln weich sind, die Zutaten mit etwas Fleischfond begießen und mit Salz und Pfeffer würzen. Leise köcheln lassen, bis sich alles miteinander verbunden hat, dann 2 Esslöffel der Petersilie zugeben und das Ganze warm halten.

Die verbliebene Zwiebel hacken und mit der Zubereitung des Risotto beginnen. Dazu die Zwiebel in der restlichen Butter weich dünsten. Dann den Reis hinzufügen und die Körner anrösten, ohne dass sie bräunen. Schöpfkellenweise den Froschfond angießen und jeweils warten, bis der Reis die Flüssigkeit aufgenommen hat, bevor weiterer Fond hinzugefügt wird. Unter ständigem Rühren nach und nach den Fond zugeben, bis der Risotto nach etwa 20 Minuten cremig, der Reis aber noch bissfest ist. Abschmecken und die restliche Petersilie unterrühren. Den Risotto auf einer vorgewärmten Platte anrichten, das Froschschenkelfleisch darauf geben und sofort servieren.

Risotto mit Ente

Risotto all'Anatra

Für dieses Rezept nehme ich am liebsten Wildente, da sie nicht so fett wie Hausente ist. Außerdem empfiehlt es sich, die Ente vom Wildhändler entbeinen und sich die Karkasse und die Haut zum Kochen des Fonds mitgeben zu lassen. Alternativ lässt sich dieser Risotto mit sechs bis acht Entenbrustfilets ohne Haut zubereiten.

FÜR 6 PERSONEN

1 Wild- oder Hausente (etwa 2 kg), gerupft, ausgenommen und entbeint (die Knochen zum Kochen eines kräftigen Entenfonds verwenden, Rezept Seite 29)
2 Zwiebeln, fein gehackt
2 Knoblauchzehen, leicht zerdrückt
75 ml natives Olivenöl extra
4 frische Salbeiblätter, gehackt
½ Flasche trockener Weißwein
1 EL Tomatenmark
75 g Butter
Meersalz und frisch gemahlener schwarzer Pfeffer
500 g Risottoreis, vorzugsweise Carnaroli
1,5 l kochend heißer Entenfond
3 EL frisch geriebener Parmesan

Vom Entenfleisch Haut, Sehnen und sichtbares Fett entfernen und das Fleisch in gleichmäßige Würfel schneiden. Die Zwiebeln und den Knoblauch im Olivenöl dünsten, bis sie weich und glasig sind. Den Salbei und das Entenfleisch hinzufügen. Das Entenfleisch anbraten, sodass es rundum schön gebräunt ist. Mit dem Wein ablöschen, die Temperatur heraufschalten und alles etwa 1 Minute kochen lassen, damit der Alkohol verdampft. Dann das Tomatenmark und die Hälfte der Butter zugeben und mit Salz und Pfeffer würzen. Den Deckel auflegen und das Fleisch etwa 40 Minuten köcheln lassen, bis es weich ist; zwischenzeitlich etwas Wein oder Wasser angießen, damit es nicht ansetzt.

Wenn das Entenfleisch gar ist, den Reis hinzufügen und gründlich durchrühren. Dann unter ständigem Rühren mit der Zugabe des heißen Fonds beginnen. Den Fond schöpfkellenweise zugeben und jeweils warten, bis der Reis die Flüssigkeit absorbiert hat, bevor weiterer Fond angegossen wird.

Den Reis etwa 20 Minuten in dieser Weise kochen. Wenn der Risotto cremig und samtig, der Reis aber noch bissfest ist, den Topf von der Kochstelle nehmen. Die restliche Butter und den Parmesan unterrühren, mit Salz und Pfeffer abschmecken und den Deckel auflegen. Den Risotto 2 Minuten ruhen lassen. Dann auf einer vorgewärmten Platte anrichten und sofort servieren.

Risotto mit Wildschwein

Risotto al Cinghiale

Ich persönlich liebe den Geschmack von Wildschwein, doch kenne ich auch einige Leute, denen er zu streng ist. Das Fleisch gezüchteter Wildschweine hat ein weniger intensives Aroma als das von Tieren, die ich in der Toskana jage und esse, doch es schmeckt in jedem Fall kräftiger als Hausschwein. Wildschwein harmoniert ausgezeichnet mit Steinpilzen und Rotwein. Es kann jedoch recht zäh sein, wenn es nicht richtig zubereitet wird. Je länger man es mariniert, desto zarter und köstlicher ist es.

FÜR 6 PERSONEN

FÜR DIE MARINADE:
1/2 Flasche kräftiger vollmundiger Rotwein, etwa Barolo
1 Zweig frischer Rosmarin
Eine Hand voll schwarze Pfefferkörner, grob zerstoßen
1 Stange Zimt, durchgebrochen

FÜR DEN RISOTTO:
500 g Wildschweinfleisch zum Schmoren
1 Stange Bleichsellerie, gehackt
1 Zwiebel, gehackt
1 Knoblauchzehe, gehackt
1 große Möhre, gehackt
6 EL natives Olivenöl extra (mit sehr fruchtigem Aroma)
Eine kleine Hand voll getrocknete Steinpilze, in einer Schüssel mit warmem Wasser mindestens 20 Minuten, besser jedoch über Nacht eingeweicht
3 EL Tomatenmark
Meersalz und frisch gemahlener schwarzer Pfeffer
500 g Arborioreis
1,2 l kochend heißer Wild- oder Hühnerfond
3 EL frisch geriebener Parmesan

Vom Wildschweinfleisch die Sehnen und sichtbares Fett entfernen und das Fleisch in Würfel schneiden, die nicht größer als eine Walnuss sind. Den Wein, den Rosmarin, die Pfefferkörner und die Zimtstücke in eine Glas- oder Keramikschüssel geben. Das Fleisch in die Marinade legen und einige Stunden bis zu einem Tag durchziehen lassen. Das Fleisch herausnehmen, die Marinade durch ein Sieb gießen und beides beiseite stellen.

Den Bleichsellerie, die Zwiebel, den Knoblauch und die Möhre im Olivenöl dünsten, bis das Gemüse weich ist. Die Steinpilze durch ein Sieb abgießen, das Einweichwasser auffangen. Die Pilze in grobe Stücke schneiden und unter das Gemüse rühren. Alles sorgfältig mit dem Einweichwasser der Pilze begießen. Das Fleisch, die Fleischmarinade und das Tomatenmark zugeben, die Zutaten gut durchrühren und etwa 2 Stunden im geschlossenen Topf köcheln lassen, bis das Fleisch sehr weich ist.

Mit Salz und Pfeffer abschmecken. Den Reis hinzufügen und rühren, bis er die vorhandene Flüssigkeit vollständig aufgenommen hat. Dann unter ständigem Rühren schöpfkellenweise den heißen Fond angießen und jeweils warten, bis der Reis die Flüssigkeit absorbiert hat, bevor weiterer Fond hinzugefügt wird.

Den Reis etwa 20 Minuten in dieser Weise kochen. Wenn der Risotto cremig und samtig, der Reis aber noch bissfest ist, den Topf von der Kochstelle nehmen. Den Parmesan unterrühren, mit Salz und Pfeffer abschmecken und den Deckel auflegen. Den Risotto etwa 3 Minuten ruhen lassen. Auf einer vorgewärmten Platte anrichten und sofort servieren.

Abwandlung

Sollten Ihnen der Geschmack und die Beschaffenheit von Wildschwein nicht zusagen, können Sie stattdessen auch Schweinefleisch von Hausschweinen aus alternativer Freilandhaltung verwenden, das einen erheblich milderen Geschmack aufweist, aber dennoch ausgezeichnet mit dem Aroma der Steinpilze und des Rotweins harmoniert.

Eine andere Möglichkeit ist es, das Schweinefleisch durch die gleiche Menge Taubenbrust, Wildentenbrust oder Perlhuhn zu ersetzen, die alle einen ausgeprägten Wildgeschmack besitzen, aber weniger streng schmecken als Wildschwein.

Wenn Sie den Geschmack der Marinade und damit auch des Risotto abwandeln möchten, können Sie die Hälfte des Weins durch Balsamessig ersetzen.

Risotto mit Kaninchen und Oliven

Risotto al Coniglio con le Olive

Kaninchen haben ein köstliches Fleisch, werden als Fleischlieferanten aber wenig geschätzt. Es ist schade, dass viele Leute aufgrund von Sentimentalitäten dieses preiswerte, leckere Fleisch niemals probieren. In der Toskana, wo ich zu Hause bin und wo man Kaninchen nach diesem Rezept zubereitet, werden für diesen Zweck besondere Oliven angebaut. Sind *olive per il coniglio* nicht erhältlich, muss man sie durch kleine, etwas runzelige schwarze Oliven mit bittersüßem Geschmack ersetzen. Verwenden Sie für den Fond keinesfalls die Kaninchenknochen – er wird sonst unangenehm süß.

FÜR 4 PERSONEN

1 Kaninchen, entbeint
1 Zwiebel, gehackt
1 Stange Bleichsellerie, gehackt
Eine Hand voll frische glatte Petersilie, gehackt
4 EL natives Olivenöl extra
4 Scheiben Pancetta oder luftgetrockneter Schinken, klein geschnitten
2 EL Tomatenmark
1 Glas trockener Rotwein
18–20 entsteinte schwarze Oliven, grob gehackt
1 Prise getrockneter Oregano
Meersalz und frisch gemahlener schwarzer Pfeffer
400 g Risottoreis
1,2 l kochend heißer Hühner- oder Gemüsefond

Das Kaninchenfleisch abspülen, trockentupfen und in Stücke schneiden, die nicht größer als eine Walnuss sind. Bis zur Verwendung beiseite stellen. Die Zwiebel, den Bleichsellerie und die Petersilie mit der Pancetta oder dem Schinken im Öl dünsten, bis die Zwiebel weich ist. Das Kaninchenfleisch hinzufügen und rundum bräunen. Das Tomatenmark mit dem Wein verrühren und zum Kaninchenfleisch geben. Oliven und Oregano hinzufügen, mit Salz und Pfeffer würzen und alles durchrühren. Dann den Deckel auflegen und das Kaninchenfleisch etwa $1^1/_2$ Stunden köcheln lassen, bis es sehr weich ist und auseinander fällt. Während des Garens von Zeit zu Zeit etwas Fond oder Wein angießen, damit immer genügend Flüssigkeit vorhanden ist.

Wenn das Kaninchenfleisch gar ist, den Reis hinzufügen und alles gründlich durchrühren. Dann schöpfkellenweise den heißen Fond zugeben und jeweils rühren, bis der Reis die Flüssigkeit aufgenommen hat. Erst dann weiteren Fond angießen. Den Reis etwa 20 Minuten in dieser Weise kochen und darauf achten, dass er die Flüssigkeit vollständig absorbiert hat, bevor Fond nachgegossen wird. Wenn der Risotto cremig und samtig, der Reis aber noch bissfest ist, den Topf von der Kochstelle nehmen. Den Risotto mit Pfeffer und Salz abschmecken, auf einer vorgewärmten Platte anrichten und sofort servieren.

Risotto mit Hase

Risotto alla Lepre

Es empfiehlt sich, das Hasenfleisch vor der Zubereitung des Risotto mindestens einen Tag zu marinieren, da es dadurch erheblich zarter wird und sich auch die Garzeit beträchtlich verkürzt.

FÜR 4 PERSONEN

FÜR DIE MARINADE:

1/2 Flasche vollmundiger Rotwein
1 TL Balsamessig
2 EL natives Olivenöl extra
3 Wacholderbeeren, leicht zerdrückt
4 schwarze Pfefferkörner, leicht zerstoßen
1 Lorbeerblatt, in Stücke gebrochen

FÜR DEN RISOTTO:

300 g Hasenfleisch, entbeint und in Würfel geschnitten
75 g sehr fetter luftgetrockneter Schinken
1 Zwiebel, fein gehackt
1 Stange Bleichsellerie, gehackt
1 Möhre, gehackt
3 frische Salbeiblätter, gehackt
1 Knoblauchzehe, gehackt
1 EL Tomatenmark
5 EL Marsala
400 g Arborioreis
1,2 l kochend heißer Wildfond
1 EL Butter
2–3 EL frisch geriebener Parmesan
Meersalz und frisch gemahlener schwarzer Pfeffer

Die Zutaten für die Marinade verrühren und das Hasenfleisch etwa einen Tag, mindestens aber über Nacht darin marinieren. Dann das Fleisch aus der Marinade nehmen. Die Marinade durch ein Sieb gießen und beiseite stellen.

Den Schinken zusammen mit der Zwiebel, dem Bleichsellerie, der Möhre, dem Salbei und dem Knoblauch braten, bis das Gemüse weich ist. Dann das Tomatenmark, den Marsala und das Hasenfleisch zugeben. Alles gründlich durchheben und das Hasenfleisch 1–1 1/2 Stunden schmoren, bis es gar ist und auseinander fällt; von Zeit zu Zeit mit der Marinade begießen.

Den Reis hinzufügen und rühren, bis er die vorhandene Flüssigkeit weitgehend aufgenommen hat. Dann nach und nach schöpfkellenweise den heißen Fond zugeben und jeweils rühren, bis der Reis die Flüssigkeit absorbiert hat. Erst dann weitere Flüssigkeit nachgießen. Den Reis etwa 20 Minuten in dieser Weise kochen und darauf achten, dass er den Fond vollständig aufgenommen hat, bevor wieder Flüssigkeit hinzugefügt wird.

Wenn der Risotto cremig und samtig, der Reis aber noch bissfest ist, den Topf von der Kochstelle nehmen. Die Butter und den Parmesan unterrühren und mit Salz und Pfeffer abschmecken. Den Deckel auflegen und den Risotto etwa 3 Minuten ruhen lassen. Dann nochmals durchrühren und zum Servieren in einer vorgewärmten Schüssel anrichten.

Risotto mit italienischer Bratwurst

Risotto alla Luganega

Sollte *Luganega*, eine zur Spirale gerollte Schweinswurst, nicht erhältlich sein, kann man sie durch eine andere italienische Bratwurst ersetzen. Verwechseln Sie eine solche rohe italienische *salsiccia* jedoch nicht mit luftgetrockneter Wurst wie Salami.

FÜR 6 PERSONEN

75 g Butter
1 große Zwiebel, fein gehackt
450 g Luganega oder andere italienische Bratwurst, Wurstdarm entfernt, das Brät zerbröselt
Eine Hand voll getrocknete Steinpilze, in einer Schüssel mit warmem Wasser 20 Minuten eingeweicht
1 EL Tomatenmark
1,5 l kochend heißer Rinder- oder Hühnerfond
500 g Arborioreis
Meersalz und frisch gemahlener schwarzer Pfeffer
50 g frisch geriebener Parmesan
Frisch geriebener Parmesan zum Servieren

Die Hälfte der Butter erhitzen und die Zwiebel und das Wurstbrät darin behutsam braten, bis die Zwiebel weich und das Brät gar ist.

Die Steinpilze abgießen und das Einweichwasser auffangen. Die Pilze in grobe Stücke schneiden und mit in den Topf geben. Rühren, die Zutaten mit dem durchgesiebten Einweichwasser der Steinpilze begießen und einige Minuten erhitzen. Das Tomatenmark unterrühren. Den Deckel auflegen und alles etwa 15 Minuten unter ständigem Rühren köcheln lassen; wenn nötig, von Zeit zu Zeit etwas Fond angießen.

Den Reis hinzufügen und gründlich durchrühren. Wenn der Reis durch und durch heiß ist, die erste Schöpfkelle heißen Fond angießen und weiterrühren. Schöpfkellenweise weiteren Fond hinzufügen und jeweils rühren, bis der Reis die Flüssigkeit absorbiert hat, bevor weiterer Fond nachgegossen wird. Den Reis etwa 20 Minuten in dieser Weise kochen. Dann mit Salz und Pfeffer abschmecken.

Wenn der Risotto cremig und samtig, der Reis aber noch bissfest ist, den Topf von der Kochstelle nehmen. Die restliche Butter und den Parmesan unterrühren. Den Deckel auflegen und den Risotto 2 Minuten ruhen lassen. Dann nochmals durchrühren, auf einer vorgewärmten Servierplatte anrichten und sofort servieren. Zusätzlich Parmesan getrennt dazu reichen.

Risotto mit Parmaschinken

Risotto al Prosciutto di Parma

Obwohl Reisgerichte nicht zur Regionalküche von Parma gehören, möchte ich dieses spezielle Rezept dennoch hier aufführen, da das kräftige Aroma des Schinkens ausgezeichnet mit dem Reis, dem Weißwein und dem Fond harmoniert und ein herrlich cremiger Risotto entsteht, der sicher schon bald zu Ihren Lieblingsrezepten gehören wird.

FÜR 4–6 PERSONEN

1 kleine Zwiebel, sehr fein gehackt
70 g Butter
250 g hauchdünner Parmaschinken, in Streifen geschnitten
400 g Risottoreis, vorzugsweise Arborio oder Carnaroli
1 großes Glas trockener Weißwein
1,5 l kochend heißer Hühner-, Schweine- oder Gemüsefond
75 g frisch geriebener Parmesan
Frisch gemahlener schwarzer Pfeffer und eventuell etwas Meersalz

Die Zwiebel in 50 g Butter dünsten, ohne dass sie Farbe annimmt. Die Hälfte des Schinkens hinzufügen und einige Minuten braten. Dann den Reis zugeben und gründlich im Fett wenden. Wenn der Reis durch und durch heiß ist und glänzt, den Wein angießen und alles 2 Minuten unter Rühren erhitzen, damit der Alkohol verdampft. Die erste Schöpfkelle Fond hinzufügen und weiterrühren, bis der Reis die Flüssigkeit aufgenommen hat. Erst dann unter ständigem Rühren die nächste Schöpfkelle Fond angießen und wiederum warten, bis der Reis die Flüssigkeit absorbiert hat, bevor weiterer Fond nachgegossen wird.

Den Reis etwa 20 Minuten in dieser Weise kochen, bis er gut gequollen, aber noch bissfest ist. Den Risotto von der Kochstelle nehmen und den verbliebenen Schinken, die restliche Butter und die Hälfte des Parmesan hinzufügen. Alles kräftig durchrühren und mit Pfeffer und, wenn nötig, Salz abschmecken. Den Deckel auflegen und den Risotto 3 Minuten ruhen lassen. Dann auf einer vorgewärmten Platte anrichten, mit dem restlichen Parmesan bestreuen und sofort servieren.

Risotto mit Pancetta und Porree

Risotto con Pancetta e Porri

Pancetta hat einen markanten Geschmack, der sich deutlich vom hierzulande gebräuchlichen Speck unterscheidet. Glücklicherweise wird Pancetta heute vielerorts verkauft und Sie sollten keine Probleme haben, diesen italienischen Speck zu bekommen. Sollte Pancetta tatsächlich nicht erhältlich sein, kann man sie in diesem Rezept nur durch ungeräucherten durchwachsenen Speck bester Qualität ersetzen.

FÜR 4 PERSONEN

3 EL natives Olivenöl extra
400 g Porree, fein gehackt
150 g dünn aufgeschnittene Pancetta, in kleine Stücke geschnitten
400 g Arborioreis
1 l kochend heißer Hühner- oder Gemüsefond
50 g Butter
50 g frisch geriebener Parmesan
Meersalz und frisch gemahlener schwarzer Pfeffer

Den Porree mit der Pancetta im Olivenöl garen, bis das Gemüse weich ist. Den Reis zugeben und gründlich durchrühren.

Dann mit der Zugabe des heißen Fonds beginnen. Dazu nach und nach schöpfkellenweise den Fond angießen und rühren, bis der Reis die Flüssigkeit absorbiert hat. Erst dann weiteren Fond hinzufügen und erneut rühren, bis der Reis die Flüssigkeit aufgenommen hat. Den Reis etwa 20 Minuten in dieser Weise garen.

Wenn der Risotto cremig und samtig, der Reis aber noch bissfest ist, den Topf von der Kochstelle nehmen. Die Butter und den Parmesan unterrühren und mit Salz und Pfeffer abschmecken. Den Deckel auflegen und den Risotto etwa 3 Minuten ruhen lassen. Dann nochmals durchrühren und auf einer vorgewärmten Platte anrichten. Sofort servieren.

Risotto mit Bries

Risotto alle Animelle

Dieser Risotto lässt sich mit Bries vom Kalb oder Lamm oder auch mit je zur Hälfte Lammbries und Lammleber zubereiten. Ich weiß, dass viele Leute eine Abneigung gegen Bries haben, doch wer seine Vorurteile so weit überwinden kann, es zumindest einmal zu probieren, wird feststellen, dass es unbeschreiblich lecker schmeckt.

FÜR 6 PERSONEN

1 Zwiebel, fein gehackt
100 g Butter
75 g dünn aufgeschnittener luftgetrockneter Schinken, in Streifen geschnitten
175 g Kalbs- oder Lammbries, gesäubert und pariert
1 Glas trockener Weißwein
Meersalz und frisch gemahlener schwarzer Pfeffer
500 g Arborioreis
1,5 l kochend heißer Kalbs- oder Lammfond
50 g frisch geriebener Parmesan

Die Zwiebel in der Hälfte der Butter dünsten, bis sie weich und glasig ist. Den Schinken und das Bries hinzufügen, durchrühren und einige Minuten garen. Nach und nach den Wein angießen, mit Salz und Pfeffer würzen und alles 10–12 Minuten köcheln lassen, bis das Bries gar ist.

Den Reis zugeben und rühren, bis er sehr heiß ist. Dann mit der Zugabe des heißen Fonds beginnen. Die Flüssigkeit dazu schöpfkellenweise angießen und jeweils rühren, bis der Reis den Fond absorbiert hat, bevor eine weitere Schöpfkelle Flüssigkeit hinzugefügt wird. Den Reis etwa 20 Minuten in dieser Weise garen und immer warten, bis der Reis die Flüssigkeit aufgenommen hat, bevor Fond nachgegossen wird.

Wenn der Risotto cremig und samtig, der Reis aber noch bissfest ist, den Topf von der Kochstelle nehmen. Die restliche Butter und den Parmesan hinzufügen und mit Salz und Pfeffer abschmecken. Durchrühren und den Deckel auflegen. Den Risotto 2–3 Minuten ruhen lassen. Dann nochmals durchrühren und auf einer vorgewärmten Platte anrichten. Sofort servieren.

Risotto mit Hühnerleber

Risotto di Fegatini

Beim Einkauf und bei der Verwendung von Hühnerleber sollte man unbedingt darauf achten, dass sie gründlich gesäubert ist – anderenfalls kann sie das ganze Gericht verderben. Anstelle von Hühnerleber lässt sich der Risotto auch mit Kalbsleber zubereiten, die man in sehr kleine Stücke schneidet.

FÜR 6 PERSONEN

175 g Hühnerleber
1 Zwiebel, fein gehackt
1 kleine Möhre, fein gehackt
1 kleine Stange Bleichsellerie, fein gehackt
75 g Butter
500 g Risottoreis, vorzugsweise Carnaroli
1 großes Glas trockener Weißwein
1,5 l kochend heißer Hühnerfond
Meersalz und frisch gemahlener schwarzer Pfeffer
75 g frisch geriebener Parmesan

Die Hühnerleber sorgfältig parieren und alle noch so kleinen Spuren von Gallenflüssigkeit entfernen. Die Leber gründlich abspülen, trockentupfen und in Stücke schneiden. Die Zwiebel, die Möhre und den Bleichsellerie in der Hälfte der Butter weich dünsten. Dann die Hühnerleber hinzufügen und einige Minuten behutsam braten, bis sie schön gebräunt ist. Den Reis zugeben und rühren, bis der Reis durch und durch heiß ist. Mit dem Wein ablöschen und den Alkohol verdampfen lassen.

Dann nach und nach schöpfkellenweise den heißen Fond angießen und rühren, bis der Reis die Flüssigkeit absorbiert hat. Erst dann jeweils die nächste Schöpfkelle Fond hinzufügen. Mit Salz und Pfeffer würzen und den Reis, wie oben beschrieben, etwa 20 Minuten garen, bis der Risotto glatt und samtig ist, die Körner aber noch bissfest sind.

Den Risotto von der Kochstelle nehmen und die restliche Butter und den Parmesan unterrühren. Den Deckel auflegen und den Risotto 3 Minuten ruhen lassen. Dann nochmals durchrühren, auf einer vorgewärmten Platte anrichten und sofort servieren.

6 Obst, Alkoholika und Süßspeisen

Ich weiß, wie verrückt die Idee klingt, einen Risotto mit Obst zuzubereiten und ihn dann als Vorspeise zu servieren. Doch wer jemals einen Erdbeerrisotto, einen Apfel-, Orangen- oder Zitronenrisotto gegessen hat, weiß, wovon ich spreche! Der Trend begann vor einigen Jahren in Mailand und aus der anfänglichen kulinarischen Modeerscheinung sind einige gelungene Kombinationen und überzeugende Rezepte hervorgegangen. „Provare per credere!" – Probieren Sie es, um es zu glauben!

Das Sprichwort „Reis wird in Wasser geboren, muss jedoch in Wein sterben" sagt uns, dass Reis außerordentlich gut mit Wein oder anderen alkoholischen Getränken harmoniert – vorausgesetzt, der verwendete Fond passt geschmacklich zu den sonstigen Zutaten und der Alkohol, der durch Getränke wie Wein eine unangenehm säuerliche Note bewirken kann, verkocht zum größten Teil und überträgt sein Aroma nicht auf das Gericht. Das Kochen mit Alkoholika ist jedoch nicht ganz einfach, da ein an sich geschmacklich hervorragender Risotto lediglich durch zu langes oder zu kurzes Garen misslingen kann. Gehen Sie daher umsichtig vor!

Süße Risotti gehören zwar nicht zu meinen Leibgerichten, aber einige Nachspeisen mit Risottoreis schmecken wirklich gut. Deshalb habe ich sie gerne in diese Rezeptsammlung aufgenommen. Maxines Risottoeiscreme (Seite 156) scheint auf dem Papier eine etwas überspannte Idee zu sein, schmeckt aber in der Tat ganz ausgezeichnet, und auch meine Lieblingseisdiele zu Hause in Italien verkauft „Gelato di Riso". Nochmals vielen Dank, Maxine, dass ich dein Rezept verwenden durfte. Die Süße Reistorte (Seite 152) kenne ich, seit ich zwei Jahre alt war. Wie in allen italienischen Familien der damaligen Zeit war man auch bei uns zu Hause davon überzeugt, dass Eier ein wichtiges Nahrungsmittel darstellen – und diese Torte enthält wirklich eine Menge Eier! Erschrecken Sie nicht, wenn der Süße Schokoladenreis (Seite 155) etwas flüssig aussieht; er muss so sein. Nehmen Sie Schokolade bester Qualität, damit er exquisit schmeckt.

Apfelrisotto

Risotto alle Mele

Ein äußerst ungewöhnlicher Risotto, der seine besondere Note durch etwas Gorgonzola und einen Schuss Apfelbranntwein erhält. Wer möchte, kann anstelle von Äpfeln auch Birnen und dazu passend Birnenschnaps nehmen.

FÜR 6 PERSONEN

1 kleine Zwiebel, sehr fein gehackt
75 g Butter
500 g Risottoreis
1 Glas trockener Weißwein
500 g Äpfel, geschält, das Kerngehäuse entfernt, in Würfel geschnitten
1,5 l kochend heißer Gemüse- oder Hühnerfond
75 g Gorgonzola, in Würfel geschnitten
Meersalz und frisch gemahlener schwarzer Pfeffer
4 EL Apfelbranntwein

Die Zwiebel in der Hälfte der Butter dünsten, bis sie weich und glasig ist. Den Reis hinzufügen und rühren, bis die Körner glänzen und glasig sind. Mit dem Wein ablöschen und rühren, bis der Reis die Flüssigkeit aufgenommen hat und der Alkohol verdampft ist. Die Apfelstücke zugeben und rühren, dann etwas heißen Fond angießen und weiterrühren, bis der Reis die Flüssigkeit absorbiert hat.

Nun mit der Zugabe des Fonds beginnen. Dazu nach und nach schöpfkellenweise heißen Fond zugeben und ununterbrochen rühren, bis der Reis die Flüssigkeit vollständig aufgenommen hat. Erst dann weiteren Fond nachgießen. Wichtig ist, dass man immer wartet, bis die Flüssigkeit vom Reis absorbiert wurde, bevor erneut Fond hinzugefügt wird, und dass man ständig rührt, damit sich alles gleichmäßig mischt.

Nach etwa 10 Minuten, wenn der Reis halb gar ist, den Gorgonzola hinzufügen und rühren, bis er geschmolzen ist. Mit Salz und Pfeffer abschmecken und den Reis wie oben beschrieben weitergaren.

Am Ende der Garzeit, wenn der Risotto cremig und samtig, der Reis aber noch bissfest ist, den Apfelschnaps einrühren und den Topf von der Kochstelle nehmen. Die restliche Butter unterrühren und den Deckel auflegen. Den Risotto etwa 2 Minuten ruhen lassen. Nochmals durchrühren und auf einer vorgewärmten Platte servieren.

Zitronenrisotto

Risotto al Limone

Diesen Risotto habe ich erstmals in Sorrent gegessen, wo die Zitronen im Schatten des Vesuv besonders groß, dick und aromatisch werden. Seither habe ich ihn immer wieder mit Zitronen aus anderen Teilen der Erde zubereitet, doch wie bei so vielen Dingen im Leben ist das erste Mal eben stets das beste. Achten Sie unbedingt darauf, unbehandelte Zitronen zu verwenden!

FÜR 4 PERSONEN

2 Schalotten oder 1 Stange Porree, nur der weiße Teil, sehr fein gehackt
100 g Butter
400 g Risottoreis
1 großes Glas trockener Weißwein
1,2 l kochend heißer Gemüse- oder leichter Hühnerfond
100 g Butterkäse, etwa Bel Paese oder Fontina, in Würfel geschnitten
Abgeriebene Schale und Saft von 1 großen oder 2 kleinen unbehandelten Zitronen
1 EL Limoncello (Limonenlikör)
Meersalz und frisch gemahlener schwarzer Pfeffer
Frisch geriebener Parmesan zum Servieren

Die Schalotten oder den Porree in der Hälfte der Butter weich dünsten. Den Reis zugeben und die Körner gründlich anrösten, ohne dass sie Farbe annehmen. Auch die Schalotten dürfen nicht bräunen. Mit der Hälfte des Weins ablöschen und rühren, bis der Reis die Flüssigkeit aufgenommen hat und der Alkohol verdampft ist. Dann den restlichen Wein hinzufügen und unter Rühren verkochen lassen.

Nun die erste Schöpfkelle heißen Fond und den gewürfelten Käse zugeben. Rühren und warten, bis der Reis die Flüssigkeit absorbiert hat. Erst dann die nächste Schöpfkelle Fond hinzufügen. Den Reis etwa 20 Minuten in dieser Weise kochen und immer erst dann Fond nachgießen, wenn der Reis die Flüssigkeit vollständig aufgenommen hat.

Wenn der Risotto cremig und samtig, der Reis aber noch bissfest ist, die Zitronenschale, den Zitronensaft und den Limoncello unterrühren. Alles 1 Minute kochen lassen, damit der Alkohol verdampft, dann die verbliebene Butter unterrühren und mit Salz und Pfeffer abschmecken. Den Deckel auflegen und den Risotto 1 Minute ruhen lassen. Anschließend in einer vorgewärmten Schüssel anrichten und sofort servieren.

Risotto mit Schinken und Melone

Risotto al Prosciutto e Melone

Als mir dieser Risotto zum ersten Mal offeriert wurde, war ich ebenso entsetzt, wie Sie es jetzt vermutlich sind. Doch hat man sich erst einmal mit der Vorstellung angefreundet, dass sich ein Risotto in jeder Geschmacksrichtung und mit jeder Kombination von Zutaten kochen lässt, bleibt nur noch eines zu tun – ihn mit Genuss zu verspeisen!

FÜR 4 PERSONEN

1 mittelgroße Galia- oder Kantalupmelone, geschält, die Kerne entfernt, in Würfel geschnitten
1 Glas abgelagerter Portwein
1 kleine Zwiebel, fein gehackt
150 g dünner luftgetrockneter Schinken, klein geschnitten
100 g Butter
400 g Risottoreis
1,2 l kochend heißer Gemüsefond
3 EL Crème double
Meersalz und frisch gemahlener schwarzer Pfeffer
4 EL frisch geriebener Parmesan

Die Melonenwürfel in eine Schüssel geben, mit dem Portwein übergießen und 30 Minuten stehen lassen.

In der Zwischenzeit die Zwiebel mit dem Schinken in der Hälfte der Butter garen, bis sie weich und glasig ist. Den Reis hinzufügen und rühren, bis er glänzt und durch und durch heiß ist. Die Melonenstücke abgießen und den Portwein zum Reis geben Rühren, bis der Reis die Flüssigkeit absorbiert hat und der Alkohol verdampft ist.

Dann nach und nach schöpfkellenweise den heißen Fond hinzufügen. Dabei ununterbrochen rühren und immer erst dann weiteren Fond angießen, wenn der Reis die Flüssigkeit vollständig aufgenommen hat. Den Reis während des Garens ständig beobachten, um sicherzustellen, dass er gleichmäßig aufquillt und weder anbrennt noch in zu viel Flüssigkeit schwimmt.

Wenn der Risotto cremig und samtig, der Reis aber noch bissfest ist, die Crème double und die Melonenstücke zugeben. Rühren, damit die Fruchtstücke heiß werden und sich gleichmäßig verteilen, dann den Topf von der Kochstelle nehmen. Mit Salz und Pfeffer abschmecken und die restliche Butter unterrühren. Den Deckel auflegen und den Risotto etwa 2 Minuten ruhen lassen. Dann nochmals durchrühren und auf einer vorgewärmten Platte anrichten. Den Parmesan darüber streuen oder getrennt dazu reichen.

Erdbeerrisotto
Risotto di Fragole

Dieser herrlich rosarote und cremige Risotto muss mit reichlich frisch gemahlenem schwarzem Pfeffer gewürzt werden, um wirklich gut zu schmecken. Die Kombination von Erdbeeren und schwarzem Pfeffer war in England schon in viktorianischer Zeit bekannt, die Idee, Risotti mit Obst zuzubereiten, stammt dagegen aus jüngster Zeit.

FÜR 4 PERSONEN

1 kleine Zwiebel oder 2 Schalotten, fein gehackt
50 g Butter
500 g Risottoreis
500 g Erdbeeren, gewaschen und geputzt
2 große Glas Rotwein
1,5 l kochend heißer Hühnerfond
5 EL Crème double
6 EL frisch geriebener Parmesan
Meersalz und frisch gemahlener schwarzer Pfeffer
Frisch geriebener Parmesan zum Servieren

Die Zwiebel oder die Schalotten in der Butter dünsten, bis sie weich und glasig sind. Den Reis zugeben und rühren, damit er von Butter und Zwiebel überzogen wird. Die Hälfte der Erdbeeren in dünne Scheiben schneiden und unter den Reis rühren. Dann das erste Glas Rotwein hinzufügen. Alles köcheln lassen, bis die Erdbeeren musig werden und der Wein verkocht ist. Nun das zweite Glas Wein angießen und weiterrühren.

Wenn der Reis den Wein absorbiert hat, mit der Zugabe des heißen Fonds beginnen. Die Flüssigkeit schöpfkellenweise unter den Reis rühren und erst dann heißen Fond nachgießen, wenn der Reis die Flüssigkeit vollständig aufgenommen hat. Nicht versuchen, diesen Vorgang zu beschleunigen.

Nach etwa 15 Minuten die restlichen Erdbeeren – bis auf einige Früchte, die zum Garnieren zurückbehalten werden – unzerkleinert hinzufügen und rühren, bis sie weich und musig sind. Die Crème double und den Parmesan unterrühren. Mit Salz und reichlich Pfeffer würzen und den Reis fertig garen. Den Risotto auf einer vorgewärmten Platte anrichten, mit den zurückbehaltenen Erdbeeren garnieren und sofort servieren. Zusätzlich Parmesan getrennt dazu reichen.

Risotto mit Birnen und Rotwein

Risotto alle Pere con il Vino Rosso

Ich liebe Birnen, die in Rotwein pochiert werden, bis sie ganz weich sind und eine dunkle Farbe angenommen haben. Und so habe ich beschlossen, auf der Grundlage dieser besonderen Geschmacksnote einen Risotto zu kreieren. Das Ergebnis ist zwar ungewöhnlich, aber meines Erachtens interessant genug, um das Rezept in diese Sammlung aufzunehmen.

FÜR 6 PERSONEN

1 Zwiebel, sehr fein gehackt
1 Nelke
75 g Butter
500 g Risottoreis
2 Glas trockener Rotwein
500 g reife Birnen, geschält, das Kerngehäuse entfernt, in Würfel geschnitten
1,5 l kochend heißer Gemüsefond
1 Messerspitze gemahlener Zimt
Meersalz und frisch gemahlener schwarzer Pfeffer

Die Zwiebel zusammen mit der Nelke in der Hälfte der Butter dünsten. Wenn die Zwiebel sehr weich ist, die Nelke herausnehmen und wegwerfen. Den Reis hinzufügen und die Körner gründlich anrösten, ohne dass sie bräunen. Wenn der Reis durch und durch heiß ist, mit dem Wein ablöschen und den Alkohol verdampfen lassen. Dann die Birnenstücke hinzufügen und rühren.

Sobald Reis und Birnen gut vermischt sind und der Reis den Wein vollständig aufgenommen hat, die erste Schöpfkelle heißen Fond zugeben. Rühren und warten, bis der Reis die Flüssigkeit absorbiert hat. Erst dann eine weitere Schöpfkelle Fond nachgießen. Den Reis in dieser Weise garen, bis der Risotto cremig und samtig, der Reis aber noch bissfest ist.

Den Topf von der Kochstelle nehmen und den Zimt und die verbliebene Butter unterrühren. Mit Salz und Pfeffer abschmecken, durchrühren und den Deckel auflegen. Den Risotto etwa 2 Minuten ruhen lassen, dann nochmals durchrühren und auf einer vorgewärmten Platte anrichten. Sofort servieren.

Risotto mit Wodka und Orange

Risotto al Vodka con Arancio

Ein guter Risotto für eine nächtliche Party – etwas verrückt und wild, aber auch interessant und wohlschmeckend. Nehmen Sie keinesfalls billigen aromatisierten Wodka!

FÜR 6 PERSONEN

1 Zwiebel, fein gehackt
75 g Butter
500 g Risottoreis
1 Glas trockener Weißwein
1,5 l kochend heißer Gemüsefond
Abgeriebene Schale und Saft von 2 unbehandelten Orangen
Etwa 150 ml Wodka
Meersalz und frisch gemahlener schwarzer Pfeffer
4 EL Sahne
2 EL frisch geriebener Parmesan
Etwas abgeriebene Orangenschale zum Garnieren

Die Zwiebel in der Butter weich dünsten. Den Reis zugeben und anrösten, ohne dass er Farbe annimmt. Mit dem Wein ablöschen und den Alkohol verdampfen lassen.

Wenn der Reis den Wein absorbiert hat, die erste Schöpfkelle heißen Fond angießen. Ununterbrochen rühren und warten, bis der Reis die Flüssigkeit aufgenommen hat. Erst dann eine weitere Schöpfkelle Fond hinzufügen.

Nach etwa 15 Minuten die Schale und den Saft der Orangen sowie den Wodka hinzufügen und unterrühren. Mit Salz und Pfeffer abschmecken und den Risotto, wie oben beschrieben, weitergaren.

Wenn der Risotto cremig und samtig, der Reis aber noch bissfest ist, den Topf von der Kochstelle nehmen und die Sahne und den Parmesan zugeben. Durchrühren und den Deckel auflegen. Den Risotto 2 Minuten ruhen lassen. Dann in einer vorgewärmten Schüssel anrichten, mit abgeriebener Orangenschale bestreuen und servieren.

Weißweinrisotto

Risotto al Vino Bianco

Dieser Risotto hat eine lange Tradition und ist einer der einfachsten Risotti überhaupt. Als Tischwein sollte selbstverständlich der Wein, den man zur Zubereitung des Risotto wählt, gereicht werden.

FÜR 4 PERSONEN

1 Zwiebel, fein gehackt
1/4 Stange Bleichsellerie, sehr fein gehackt
75 g Butter
400 g Arborioreis
1/2–1 Flasche trockener Weißwein, etwa Pinot Grigio, Gavi oder Bianco di Franciacorta
1 l kochend heißer Hühner- oder Gemüsefond
50 g frisch geriebener Parmesan
Meersalz und frisch gemahlener schwarzer Pfeffer

Die Zwiebel und den Bleichsellerie in der Hälfte der Butter dünsten, bis das Gemüse weich und glasig ist. Den Reis hinzufügen und unter Rühren ebenfalls glasig und sehr heiß werden lassen. Mit einem großen Glas Weißwein ablöschen und rühren, bis der Alkohol verdampft ist. Dann erneut etwas Wein angießen und verkochen lassen.

Wenn der gesamte Wein aufgebraucht und der Alkohol verdampft ist, mit der Zugabe des heißen Fonds beginnen. Den Fond nach und nach schöpfkellenweise zugeben und jeweils rühren, bis der Reis die Flüssigkeit vollständig absorbiert hat. Erst dann weiteren Fond nachgießen. Den Reis etwa 20 Minuten in dieser Weise kochen und stets darauf achten, dass der Reis die Flüssigkeit aufgenommen hat, bevor Fond nachgegossen wird.

Wenn der Risotto cremig und samtig, der Reis aber noch bissfest ist, den Topf von der Kochstelle nehmen und die restliche Butter und den Parmesan unterrühren. Mit Salz und Pfeffer abschmecken und den Deckel auflegen. Den Risotto etwa 2 Minuten ruhen lassen. Dann nochmals durchrühren und zum Servieren auf einer vorgewärmten Platte anrichten.

Rotweinrisotto

Risotto al Vino Rosso

Etwas befremdlich an diesem Risotto ist seine purpurrote Farbe, die er nach dem Kochen annimmt! Hat man sich an die Farbe gewöhnt, ist das Aroma ebenso fabelhaft wie der Wein, den man zur Zubereitung verwendet hat.

FÜR 4 PERSONEN

1 rote Zwiebel, gehackt
1/2 Stange Bleichsellerie, sehr fein gehackt
75 g Butter
2 frische Salbeiblätter, fein gehackt
400 g Risottoreis, vorzugsweise Vialone Nano oder Arborio
1/2–1 Flasche vollmundiger Rotwein mit hohem Gerbsäuregehalt, etwa Chianti, Barolo, Nebbiolo oder Dolcetto
1 l kochend heißer Hühner- oder Gemüsefond
50 g frisch geriebener Parmesan
Meersalz und frisch gemahlener schwarzer Pfeffer

Die Zwiebel und den Bleichsellerie mit dem Salbei in der Hälfte der Butter dünsten, bis das Gemüse weich und glasig ist. Den Reis hinzufügen und rühren, bis die Körner glänzen und durch und durch heiß sind; dabei darf jedoch keine der Zutaten bräunen. Mit einem Glas Rotwein ablöschen und rühren, bis der Alkohol verdampft ist und der Reis den Wein aufgenommen hat. In dieser Weise fortfahren, bis der gesamte Wein aufgebraucht ist.

Dann mit der Zugabe des heißen Fonds beginnen. Dazu nach und nach schöpfkellenweise den Fond angießen und rühren, bis der Reis die Flüssigkeit absorbiert hat. Erst dann eine weitere Schöpfkelle Fond angießen. Den Reis etwa 20 Minuten, wie beschrieben, kochen und darauf achten, dass der Reis den Fond vollständig aufgenommen hat, bevor weitere Flüssigkeit hinzugefügt wird.

Wenn der Risotto cremig und samtig, der Reis aber noch bissfest ist, den Topf von der Kochstelle nehmen und die restliche Butter und den Parmesan unterrühren. Mit Salz und Pfeffer abschmecken und den Deckel auflegen. Den Risotto etwa 2 Minuten ruhen lassen. Dann nochmals durchrühren, auf einer vorgewärmten Platte anrichten und servieren.

Barolorisotto

Risotto al Barolo

Im Piemont wird die Qualität dieses Risotto daran gemessen, wie viel Barolo der Reis beim Kochen aufgenommen hat. Damit der Reis möglichst viel Wein absorbiert, muss er sehr langsam gegart werden.

Barolo ist zweifellos der König unter den italienischen Weinen. Er wird im Piemont aus Nebbiolotrauben gekeltert, die auch zur Erzeugung anderer piemontesischer Weine verwendet werden. Dass dieser Wein wirklich etwas ganz Besonderes ist, erkennt man allein daran, dass er als einziger piemontesischer Wein bei der Lese gesetzlichen Bestimmungen unterliegt. Im Gegensatz zu sonstigen Traubenernten in der Region, muss die Lese der Barolotrauben bei allen Winzern am selben Tag beginnen. Der sehr gerbsäurereiche Barolo ist ein körperreicher, schwerer Rotwein, über den Italiens erster Premierminister Cavour sagte: „Er ist gut nach zehn Jahren, sehr gut nach fünfzehn Jahren und ausgezeichnet nach zwanzig." In der Tat kann Barolo ein ganzes Jahrhundert überdauern und nimmt mit zunehmender Reife eine wundervolle ziegelrote Farbe an. Sie werden feststellen, dass sich die Qualität des Weins auch in seinem Preis widerspiegelt. Deshalb ist dieser Risotto wirklich nur etwas für ganz besondere Anlässe.

FÜR 6 PERSONEN

200 g frische Borlottibohnen oder getrocknete, über Nacht in kaltem Wasser eingeweicht
300 g Kalb- oder Rindfleisch zum Schmoren
2 Zwiebeln
1 Stange Bleichsellerie
1 Möhre
Meersalz und frisch gemahlener schwarzer Pfeffer
120 g Butter
500 g Risottoreis
2–3 Flaschen Barolo guter Qualität
75 g frisch geriebener Parmesan

Zunächst die Bohnen kochen. Frische Borlottibohnen dazu enthülsen, mit Wasser bedecken und 20–30 Minuten köcheln lassen, bis sie weich sind. Von getrockneten Borlottibohnen das Einweichwasser abgießen, die Bohnen abspülen und in frischem Wasser 5 Minuten sprudelnd kochen lassen. Wieder abgießen, erneut mit Wasser bedecken und 45–60 Minuten köcheln lassen, bis sie weich sind. (Die Bohnen keinesfalls salzen, bevor sie gar sind, da sie sonst nicht richtig weich werden.) Die gegarten Bohnen abgießen und bis zur Verwendung beiseite stellen.

Als Nächstes den Fond kochen. Dazu das Fleisch zusammen mit 1 Zwiebel, dem Bleichsellerie und der Möhre in einen Topf geben. Mit 1 l kaltem Wasser bedecken, etwas Salz hinzufügen und zum Kochen bringen. Das Fleisch etwa 2 Stunden köcheln lassen. Fleisch und Gemüse aus dem Topf nehmen, Fett und Sehnen vom Fleisch entfernen. Das Fleisch und das Gemüse in sehr kleine Stücke schneiden und beiseite stellen. Den Fond durch ein Sieb gießen, abschmecken und bis zur Verwendung heiß halten.

Nun die Hälfte der Butter in einem großen schweren Topf zerlassen. Die zweite Zwiebel fein hacken und in der Butter dünsten, bis sie weich und goldgelb ist. Den Reis hinzufügen und in der heißen Butter und den Zwiebeln anrösten, ohne dass er bräunt. Wenn der Reis glänzt und heiß ist, mit einem Glas Barolo ablöschen. Rühren und den Alkohol verdampfen lassen. Dann unter ständigem Rühren eine Schöpfkelle heißen Fond angießen und warten, bis der Reis die Flüssigkeit aufgenommen hat. Nun erneut ein Glas Barolo zugeben und wiederum warten, bis der Reis die Flüssigkeit absorbiert hat. In dieser Weise fortfahren und abwechselnd Wein und Fond angießen. Ununterbrochen rühren, bis der Reis die Flüssigkeit vollständig aufgenommen hat.

Wenn der Reis nach etwa 10 Minuten halb gar ist, mit Salz und Pfeffer abschmecken. Die Bohnen hinzufügen und mit der Zugabe von Wein und Fond fortfahren. Den Risotto, wie beschrieben, weitergaren, bis er cremig und samtig, der Reis aber noch bissfest ist.

Den Topf von der Kochstelle nehmen und die restliche Butter und den Parmesan zugeben. Gründlich durchrühren, den Deckel auflegen und den Risotto etwa 5 Minuten ruhen lassen. Dann auf einer vorgewärmten Platte anrichten und sofort servieren.

Süße Reistorte

Torta di Riso Dolce

Diese köstliche Reistorte wird mit acht Eiern zubereitet und ist daher recht gehaltvoll. Wer möchte, kann auch gehackte Nüsse, Rosinen, Sultaninen, Pinienkerne oder, wie wir es für die Torte auf dem Foto getan haben, kandierte Früchte zufügen.

FÜR EINE TORTE VON 25 CM DURCHMESSER

150 g Kurzkorn-Risottoreis
1,25 l Milch
Butter zum Fetten der Form
2 EL Hartweizengrieß
8 Eier
250 g Zucker
3 EL Weinbrand
Abgeriebene Schale oder Saft von 1/2 unbehandelten Zitrone

Den Reis mit ungefähr zwei Dritteln der Milch in einen Topf geben. Zum Kochen bringen und 10 Minuten köcheln lassen. Dann abgießen.

Den Backofen auf 180 °C (Gasherd Stufe 2–3) vorheizen. Eine 25 cm große Backform sorgfältig mit Butter einfetten und mit Hartweizengrieß ausstreuen. (Keine Springform verwenden, da sonst die gesamte Flüssigkeit in den Backofen tropft.) Die Backform herumdrehen, damit überschüssiger Grieß herausfällt.

Die Eier in einer großen Schüssel zu einer schaumigen, hellgelben Masse schlagen. Nach und nach den Zucker unterrühren, dann den Weinbrand und die Zitronenschale oder den Zitronensaft hinzufügen. Alles gründlich durchheben, zuletzt den Reis und die verbliebene Milch unterrühren.

Die Masse in die Form füllen und etwa 50 Minuten backen, bis ein Holzspießchen, das in der Mitte hineingestochen wird, sauber bleibt. Die Torte soll fest und goldbraun sein. Man kann sie warm oder kalt servieren.

Champagnerrisotto

Risotto allo Champagne

Dies ist wohl der schwierigste Risotto von allen, denn die Kunst seiner Zubereitung liegt darin, dass sich das Moussieren des Champagners ansatzweise auch im fertig gegarten Risotto zeigt. Daher sollte der Risotto am Ende nicht zu lange ruhen, sonst verliert er seine prickelnde Note. Überdies darf der Fond den Geschmack des Champagners auf keinen Fall überdecken.

FÜR 4 PERSONEN

2 kleine Schalotten, sehr fein gehackt
1/4 Stange Bleichsellerie, sehr fein gehackt
75 g Butter
400 g Risottoreis, vorzugsweise Carnaroli
3/4–1 Flasche Champagner oder Sekt
1,25 l leichter Hühner- oder Gemüsefond
50 g frisch geriebener Parmesan
Meersalz und frisch gemahlener schwarzer Pfeffer

Die Schalotten und den Bleichsellerie in der Hälfte der Butter dünsten, bis sie weich und glasig sind. Den Reis hinzufügen und in der Butter wenden, bis er durch und durch heiß ist und glänzt. Ein Glas Champagner oder Sekt zurückstellen, um es am Ende der Garzeit unter den Risotto zu rühren.

Den Reis mit einem großen Glas Champagner oder Sekt ablöschen und rühren, bis der Alkohol verdampft ist. Dann weiteren Champagner dazugießen und erneut rühren, bis der Reis die Flüssigkeit absorbiert hat.

Wenn der Champagner oder Sekt – mit Ausnahme des zurückgestellten Glases – aufgebraucht ist, mit der Zugabe des heißen Fonds beginnen. Den Fond nach und nach schöpfkellenweise hinzufügen und jeweils rühren, bis der Reis die Flüssigkeit aufgenommen hat, bevor weiterer Fond nachgegossen wird. Den Reis etwa 20 Minuten in dieser Weise garen.

Wenn der Risotto cremig und samtig, der Reis aber noch bissfest ist, den Topf von der Kochstelle nehmen und die restliche Butter und den Parmesan unterrühren. Mit Salz und Pfeffer abschmecken und das zurückgestellte Glas Champagner oder Sekt einrühren. Den Deckel auflegen und den Risotto 1 Minute ruhen lassen. Dann nochmals durchheben und zum Servieren auf einer vorgewärmten Platte anrichten.

Süßer Schokoladenreis

Riso Dolce al Cioccolato

Als Kinder haben wir abends oft *Riso al latte* gegessen, für den Risottoreis in Milch gekocht und mit etwas Zucker gesüßt wird. Dies ist eine ebenso köstliche, aber etwas raffiniertere Variante, für die beste Schokolade verwendet wird. Nach Belieben kann man noch Nüsse und kandierte Früchte zufügen.

FÜR 4 PERSONEN

400 g Risottoreis
1,2 l Vollmilch
1 kleine Messerspitze gemahlener Zimt
3 EL Zucker
Abgeriebene Schale von ½ unbehandelten Orange
100 g hochwertige Vollmilch- oder Zartbitterschokolade, geschmolzen
2 EL Crème double
Crème double zum Servieren

Den Reis in einen Topf geben und die Milch dazugießen. Zum Kochen bringen und etwa 20 Minuten leise köcheln lassen, bis der Reis weich ist.

Den Topf von der Kochstelle nehmen und den Zimt, den Zucker, die abgeriebene Orangenschale und die Schokolade unterrühren. Den Deckel auflegen und den Reis etwa 2 Minuten ruhen lassen. Dann die Crème double unterrühren und den Reis in Portionsschüsseln anrichten.

Den Schokoladenreis noch warm, jedoch nicht mehr kochend heiß servieren und etwas Crème double getrennt dazu reichen.

Maxines Risottoeiscreme

Gelato di Risotto

Dieses Rezept stammt von einer guten Freundin und Kollegin, Maxine Clarke, deren Namen ich in diesem Buch sehr gerne erwähne! Die wundervoll sahnige Vanilleeiscreme mit einer kaum wahrnehmbaren körnigen Textur scheint ursprünglich aus Sizilien zu stammen, das berühmt für sein Eis ist, hat mittlerweile aber in ganz Italien viele Freunde gefunden. Auf Sizilien werden Rosenwasser, Zimt und sogar Ingwer als Aromazutaten verwendet. Sowohl frische Pfirsiche als auch Feigen passen ausgezeichnet zu dem Eis.

FÜR 8 PERSONEN

120 g Risottoreis, vorzugsweise Vialone Nano
600 ml Milch
1 Vanilleschote, längs aufgeschnitten
175 g Zucker
600 ml Crème double, gekühlt
1 EL Orangenblüten- oder Rosenwasser

Den Backofen auf 180 °C (Gasherd Stufe 2–3) vorheizen. Den Reis, die Milch und die Vanilleschote in einen ofenfesten Topf geben und zum Kochen bringen. Von der Kochstelle nehmen, den Deckel fest auflegen und für etwa 1 Stunde in den Backofen schieben, bis der Reis sehr weich ist. (Alternativ den Reis mindestens 25 Minuten unter ständigem Rühren auf dem Herd köcheln lassen, bis er sehr weich ist.)

Den Reis aus dem Ofen nehmen, die Vanilleschote herausnehmen und den Zucker unterrühren. Mit Pergamentpapier abdecken, abkühlen lassen und dann für mindestens 1 Stunde in den Kühlschrank stellen.

Die Crème double und das Orangenblüten- oder Rosenwasser unterrühren. In einer Eismaschine nach Anweisung des Herstellers gefrieren lassen, bis die Eiscreme die Konsistenz von Schlagsahne hat. In eine Gefrierdose füllen und für mindestens 2 Stunden in den Gefrierschrank stellen.

Steht keine Eismaschine zur Verfügung, die Masse in einer Gefrierdose in den Gefrierschrank stellen und etwa alle 30 Minuten herausnehmen und kräftig durchrühren, damit die Eiskristalle zerteilt werden und die Eiscreme schön glatt wird. Vor dem Servieren einige Zeit im Kühlschrank antauen lassen.

Register

Kursiv gedruckte Seitenzahlen beziehen sich auf die Rezeptfotoseiten.

Sie können einen Bezugsquellennachweis für italienische Spezialitäten und Lebensmittel über Viani Importe erhalten:

Viani Importe
Tel.: (0551) 5 05 51-0
Fax: (0551) 5 05 51-55